JEAN-FRANÇOIS MANZONI
JEAN-LOUIS BARSOUX

The Set-Up-To-Fail Syndrome

よい上司ほど部下をダメにする

ジャン＝フランソワ・マンゾーニ／ジャン＝ルイ・バルスー

平野誠一＝訳

講談社

はじめに

　私たちは一九九八年春、ハーバード・ビジネス・レビュー誌に「失敗おぜん立て症候群――こんな上司が部下をダメにする」という論文を発表した。この論文は、ほどなく米国や欧州、アジアのマスコミで具体例を交えながら紹介され、非常に大きな反響を呼んだ。「あなたの言う通りだ！」と書いてくれたオーストラリアの医師、部下の不振は自分の責任でもあることに気づいたという中間管理職、自分の上司がこの症候群に陥っていると訴えてきた会社員など、実に多くの方々からメッセージをいただいた。

　しばらくして、ハーバード・ビジネススクール・プレスの編集者から、このテーマで本を一冊書いてほしいと頼まれた。思いがけない申し出に、私たちは悩んだ。論文が反響を呼んだことはとてもうれしかったが、本にできるほど付け加えることはあまり残っていないように思われたからだ。

　私たちがこのテーマに取り組み始めてすでに十数年がたっていた。最初は、ジャン＝フランソワがフォーチュン一〇〇に名を連ねる大企業数社の協力を得て、工場で働く上司と部下五〇組を研究対象に選んだ。そして上司と部下のそれぞれと面談し、アンケートに答えてもらってから再度面談した。上司には部下の働きぶりを評価してもらい、部下には自分に対する上司の態度について語ってもらった。二人の会話や会議でのやり取りを観察し、近くで働く同僚たちからも話を聞いた。計四〇〇時間近くに達した面談や観察の記録は、貴重なデータベースとなった。

私たちはその一方で、多数の経営幹部とその直属の部下のコーチングやコンサルティングにも取り組んできた。いわゆる三六〇度人事評価の結果についてもよく議論した。「失敗おぜん立て症候群」は三六〇度評価の過程で見つかることが多いため、この仕事は絶好の研究機会を与えてくれたと言える。

さらに、私たちはこのテーマをエグゼクティブ養成プログラムにも持ち込み、自分たちの考えや解釈を参加者たちに聞いてもらった。論文が発表されるころには、その数は一〇〇〇人を超えていたと思う。参加者の国籍も、社内での地位もさまざまだった。上級幹部もいれば現場の主任クラスもおり、大企業の社員もいれば中小企業の社員もいた。

ところが、どのグループを相手に講演しても、話が終わると個別相談を持ちかけられるのが常だった。「自分が部下に何をしてきたか、とてもよくわかった」「今まで次男としっくりこなかった理由がようやく理解できそうだ」「上司が私にしていることはまさにこれだ」といったコメントが次々に飛び出してきた。

そのようなわけで、本の執筆を依頼されたとき、これ以上調べることはないと私たちは思っていた。学ぶことなどもうない、すべて語り尽くしたと考えたのだ。

ところが、どうだろう。本書を書くためにさらに四年近く研究を続けたところ、学ぶことも語ることも、まだたくさん残っていることがわかったのである。

私たちはコーチングやコンサルティングを続けるかたわら、エグゼクティブ養成プログラムでもさらに二〇〇〇名の参加者と議論した。そして新しい発見を参加者に披露するのはもちろんのこと、新しい体験談を集めたり、同じことの説明を違う角度から試みたり、私たちの主張と対立する証拠を探したりした。「失敗おぜん立て症候群」の根底にある心理学的・社会学的メカニズムの理解を深めようと、かなりの量の文献にも目を通した。

結局、私たちの基本的な見方は変わらなかった。多くの上司は無意識のうちに部下を「できる部下」と「できない部下」に選別している。そして「できない」とみなした部下が失敗を重ねる状況を創り出している。この考え方は、いささかも揺るがなかった。

ただ、論文発表後の研究により、症候群の進行に部下も加担している様子が明らかになってきた。上司が行動を改めれば、症候群の進行を止めたり予防したりできることもわかってきた。そこで私たちは、上司が「できない」とみなした部下と仲直りし、うまくやっていくにはどうすべきかを解明すべく、さらに研究を続けた。

したがって本書は、私たちが一五年以上打ち込んだ研究の成果となっている。このテーマにそこまでこだわるのは、「失敗おぜん立て症候群」が上司と部下の双方に、ストレスの増大と成績の悪化という多大なダメージを与える様子を何度も目の当たりにしてきたからだ。しかも、症候群は職業人としての成績を低下させるだけでなく、親や配偶者、子供の行動にも悪影響を及ぼす。また後述するように、同僚や顧客との関係を悪化させることもある。

私たちが本書を書いたのは、マネジャーがもっと効果的に部下を管理できるように、とりわけ「できない」と思われている部下を上手にリードできるよう支援するためである。幸い私たちは、「できない」とみなされた部下の成績向上に成功したマネジャーたちに会うことができた。そして、彼らが成功した理由を探り、他の管理職の人々も実践できるように、また自分の行動が周囲の目にはどう映るか想像できるように、具体的に描き出すよう努めた。

本書を書き上げたからと言って、私たちの研究が終わるわけではない。私たちはこれからも、組織の業績向上や職場の働きやすさの改善について研究を重ねていく。本書を読み終えたご感想、あるいは本書に基づいて行動した上でのご意見などをいただけるとしたら、これほどうれしいことはない。

よい上司ほど部下をダメにする　目次

第7章　上司を待ち受ける数々の落とし穴 149

装幀／本山吉晴
カバーイラスト／タラジロウ

第1章

「できる部下」が「できない部下」に変わるとき

大失敗というものは、太いロープと同じように、小さな失敗がよりあわさって生じることが多い。試しに、太いロープを数本の細いロープにほぐしてみたまえ。細いロープは弱々しく、切るのもたやすい。「なんだ、この程度か」と思うはずだ。ところが、これを何本も集めて束ねると、恐ろしく強いロープができあがる。

ヴィクトル・ユゴー（作家）

上司は知らぬ間に部下をダメにしている

仕事で失敗する部下がいる。並の成績しかあげられない部下がいる。上司はそんなとき、「これは自分ではなく部下が悪いのだ」と考えることが多い。あいつは仕事がわかっていない、やる気がない、優先順位をつけられないし人の話も聞かないといった具合である。問題は部下にあり、責任を負うのは部下自身というわけだ。

本当にそうだろうか。もちろん、そうである場合もある。知識やスキルが足りないために与えられた仕事がこなせないとか、本当にやる気がない場合もあるだろう。

しかし、私たちがこれまで行った研究によれば、部下の成績が伸び悩む原因の大半は上司にある。上司は知らず知らずのうちに一部の部下に「できないヤツ」というレッテルを貼り、その部下を失敗に導く仕組みを作り出していることが少なくない。

私たちはこの現象を、「失敗おぜん立て症候群」と呼んでいる。この症候群が始まると、もともと有能なのに凡庸で仕事の「できない部下」だと誤解されてしまい、やがて本当にできなくなってしまう。その結果、会社を辞めたり辞めさせられたりすることもある。

私たちの経験から言えば、大半のマネジャーは、一度はこの症候群に襲われる。そこで私たちは、症候群を悪化させるさまざまな偏見（バイアス）や誤解（いずれも上司と部下の双方にある）を取り除くために本書を執筆することにした。症候群のメカニズムを解明し、その進行を「食い止めたり」症候群そのものを「予防」したりする基盤を提供したいと考えている。

本書ではリーダーシップを論じている。といっても、取り上げているのは、組織のトップが発揮する知的で大がかりなリーダーシップではなく、日々の仕事の現場で発揮される人間くさいリーダーシップだ。これは「自分のチームに属する従業員のやる気を引き出す」ことに日々頭を悩ませる、多くのマネジャーのための本である。

上司にとって、部下のやる気を引き出すことは非常に重要な仕事だ。上司の時間とエネルギーの大部分がここに費やされていることは間違いない。そのため、部下に対する上司の態度や行動は好業績をあげる原動力にもなりうるが、部下のストレスやイライラを引き起こす大きな要因にもなりうる。

本題に入る前に、用語について少し説明しておきたい。経営学の文献では「マネジャー」と「リーダー」をはっきり区別することが多い。マネジャーは既存の枠組みの中で最善を目指す人であり、リーダーは新しい枠組みを作る人であるといった具合である。

だが本書ではリーダーシップの一側面、つまりマネジャーとリーダーの両方に求められる部下とのコミュニケーションや実行力に的を絞るため、両者を区別する必要はあまりない。そのため、本書に登場する「上司」「マネジャー」「リーダー」はどれもほとんど同じ意味だと考えていただきたい。

数字を取るか、部下を取るか

マネジャーにとって、業績目標の達成は重大な関心事だ。ここ数年はそのプレッシャーが特に強い。マーケットの期待に応えられない企業は、すぐに株価の下落などに見舞われてしまう。

仕事のやり方が変わったことも、結果を出せというプレッシャーを増幅している。情報通信技術の進歩とそれに伴う競争のグローバル化によって、マネジャーの仕事はますます複雑になり、スピードも求められるようになっている。

たとえば、時差のある地方や外国で働く同僚と委員会やプロジェクト・チームを結成し、電子メールで連絡を取りながら共同作業を進めることも珍しくなくなった。タスクフォースなど一時的な組織の設置も増えている。マネジャーは複数の案件を並行管理しなければならず、仕事の時間も細切れになっている。自分の権限が十分に及ばない部下といっしょに働くケースも増えている。しかも、一時的な組織では短期間で成果をあげる必要があり、マネジャーは強いプレッシャーにさらされる。

こうした環境で高い業績目標をクリアするには、進むべき方向を部下にはっきり示し、士気を高めていかねばならない。与えられた仕事を部下がしっかりこなせるよう、その働きぶりに目を配ったり、厳しいことを言って緊張感を持たせたりする必要もあるだろう。しかし、会社はマネジャーに

「それ以上のこと」も要求している。企業間の人材獲得戦争が激化しているため、部下の潜在能力を見出してそれを育てるという仕事もマネジャーに期待するようになっているのだ。

もちろん、会社は有能な人材ほど転職しやすいことを知っている。イライラすることがあったり、自分はあまり報われていないと感じているときにヘッドハンターから電話をもらったりすれば、あっという間に引き抜かれかねない。そのためマネジャーには、有能な部下が忠誠心を持って働けるようにせよと指導している。大きな権限を与えたり、積極的にリスクを取って行動するよう勧めたりする一方で、成果があがったらそれをきちんと評価せよと求めている。つまり、マネジャーは単に結果を出すだけではなく、「いかに」結果を出すかも問われている。

多くの企業はすでに、成績だけでなく、職場で取った行動やそこで発揮された価値観を人事評価に反映させている。いわゆる三六〇度評価制度で芳《かんば》しくない評価が下されたり、部下の離職が増えたりしたマネジャーは、深刻な事態に見舞われかねない。三六〇度評価の結果をボーナスに連動させる企業もある。

したがって上司は、部下がのびのびと、そしてやりがいを感じながら働ける環境を作る責任をこれまで以上に背負っている。そして同時に、業績目標を達成できなければ詰め腹を切らされるリスクも抱えている。つまり、部下に権限を委譲したいのはやまやまだが、部下がちゃんと結果を出せるように見張っていなければ落ち着かないという難しい状況に置かれている。

なるほど、上司と呼ばれる人たちは、このバランスをうまく取れる人と取れない人に分けられるのか――読者はそう思うかもしれないが、話はもう少し複雑だ。私たちの研究によれば、大半の上司はこのバランスを「一部の部下」についてはうまく取る。しかし「残りの部下」については、それができずに終わってしまう。

私たちが行った調査では、「できる」とみなされた部下からは、上司はうまくバランスを取っているというコメントが聞かれた。かなり厳しいノルマを課すが、その一方で部下を励まし支援してくれる、あの励ましがあるからこそ、目標を達成できるような気がするという。

ところが、「あまりできない」とみなされた部下からは、同じ上司についてまったく異なるコメントが出てきた。上司は業績をあげることばかり考えており、部下への配慮や自主性の尊重が足りないというのである。また、上司は手助けすると言いながら自分の仕事に干渉してくる、いつも自分を監視している、数字が悪ければ怒鳴りつける、能力をフルに発揮できない仕事ばかり回してくるといった不満も聞かれた。試練を与えられているというよりは、いじめられているという意識のほうが強いのだ。

私たちが面談した部下の多くは、仕事をちゃんとこなして会社のためになりたいと真剣に思っていた。ところが、「上司のマネジメントが下手なために」自分の能力を存分に発揮できずにいた。つまり上司は、「できない」とみなした部下を相手にすると、前述のバランスをうまく取れなくなる。私たちは、まずここに興味を持った。そして研究を進めるうちに、この人間関係の溝が少しずつ、外から力を加えられなくてもどんどん広がっていくことを突き止めた。

ここでひとつ、重要なことを確認しておく。本書で言う「できない部下」は成績が平均以下という意味であり、期待されている最低限の仕事もこなせない部下とは違う。組織全体の業績にもそれなりに貢献しているので、上司は解雇など考えていないが、一部の「できる部下」ほどの成績はあげていない部下のことだと理解していただきたい。

よかれと思ってしたことが……

本書で論じる問題の概略を説明しておこう。

「失敗おぜん立て症候群」は、上司が部下に不信感を抱くところから始まる。きっかけはさまざまだ。部下が目標を達成できなかった、締め切りに間に合わなかった、顧客を失った、会議のプレゼンテーションで失敗したといった具体的なものもあれば、他の部署から異動してきたときの第一印象が悪かったという抽象的なものもある。いずれにせよ、上司がちょっとした出来事をきっかけに不安を覚え、その部下は平均的な成績を収められないかもしれないと思ったそのとき、「失敗おぜん立て症候群」の歯車は回り始める。

上司はまず、部下に欠点があると考えるようになる。そしてそれをカバーしようと、その部下に仕事を命じるときには手順を細かく指導したり、進行状況を頻繁にチェックしたり、部下の意思決定に口を出そうとしたりする。いずれも、部下の失敗を防いで業績をあげるための行為だ。よかれと思ってやっている。

ところが、当の部下はそう受け取らない。上司が自分に注目するのは信頼されていない証《あかし》だと考える。そして抵抗を試みるが、上司の態度がほとんど変わらないように見えるため、ほどなく仕事の手を抜くようになる。自分の裁量でできる部分が小さくなったことで自分の考え方や能力を疑い始め、独力で決断する意欲も失う。あれこれ悪口を言われている気分になり、「どうせ上司は評価してくれない。あえてリスクを取る必要などない」と考えたり、一生懸命取り組みはするが上司との関わりをできるだけ避けたりするようになる。

こうした部下の反応を見た上司は、「やっぱりあいつは仕事ができない」と誤解し、口出しをさらに強める。中間目標をたくさん設定したり、部下が「トラブルに陥らないように」仕事ぶりをしっかり観察したりする。部下がやる気を持続できるようにと考えて、やや高めの目標を設定したりもするが、その一方で重要かつリスクの高い仕事はもっと頼りになりそうな他の部下に回すようになる。

部下は次第にいらだってくる。上司の指示を無視したり、同僚の前で上司にたてついたりするようになる。必要最低限の仕事しかしなくなり、自己保身にエネルギーを注ぎ込む。組織に貢献したいなどとは一切考えなくなる。

もちろん、こうした状況に誰もが必ず至るわけではない。ときおり衝突するが、ふだんはなんとかやっていける上司と部下もいる。しかし、敵対的な関係に発展するケースは少なくない。部下は上司を「あれこれ口をはさんで文句ばかり言う人」とみなし、上司は部下のことを「能力もなく、非協力的で煮え切らない人物」とみなすのだ。ここまでくれば、二人は完全に「失敗おぜん立て症候群」に陥ったと言える。

悲しいことに、人間は「できない」というレッテルをいったん貼られてしまうと、たとえ有能であってもレッテルのほうに自分をあわせてしまいがちだ。また私たちの研究では、症候群はあっという間に進行し、いったん進行するとなかなか止められないことがほぼ明らかになっている。さらに、上司は部下のレベルを最初に判定するとき、誤った認識に基づいて判断してしまうことが少なくない。「失敗おぜん立て」という表現を用いるのはこうした理由によるものだ。

なお、「症候群」という呼び名を使うのは、いくつかの「症状」がセットになって観察されるからである。やる気がないように見える、自分で考えて仕事に取り組む意欲や能力が欠けているようだ、新しいやり方やアイデアに抵抗する、情報を共有したがらない、解決策よりも問題点に注目する、有能な部下をなかなか育てられない（中間管理職の場合）、といった具合だ。

症候群は、上司が部下の仕事ぶりに満足できなかったときに始まる。「もっと活を入れてやらねば」とか、「仕事をうまく進められるよう指導しなければ」とか、「トラブルが生じないように、ふだんから注意して見なければ」と考え始めるときだ。いずれもごく自然な反応に思えるが、後述するように、その効果は必ずしも定かでない。

なお、本書では「上司」という言葉で管理職を一括りにしている。議論をわかりやすくするためで、一般化しすぎているとは考えていない。第2章で論じるが、「できない部下」に対する上司の態度は組織内における地位の上下や業種の違い、国や文化の違いにかかわらずほぼ同じだからである。

また、症候群に襲われるのは企業のマネジャーに限らない。学校の教師やスポーツのコーチもこの危機に直面する恐れがある。学校には教師の話に耳を傾けず、注意力が散漫で規則に従わない生徒がいる。スポーツのチームにはコーチの指示を無視し、何でも一人でやりたがり、基礎練習を省いて派手な技ばかりに取り組む選手がいる。

教師やコーチはこんなとき、大半のマネジャーと同じ反応を示す。放課後に呼び出して説教したり、試合の先発メンバーから外して自分の隣で観戦させたりすることで、誰がボスであるかわからせようとする。だが残念なことに、こうした対応では問題解決に失敗する上に、問題をこじらせてしまうことが多い。

では、上司から「できない」と思われている部下や生徒は、誰もが「できる」ようになる可能性を秘めているのだろうか。もちろん、答えはノーだ。現実を直視できず、改善しようともしない部下、採用したのがそもそも間違いだった部下については、やはり辞めてもらうしかない。

だが、「できない」というレッテルを貼られた部下の多くは、上司が態度を改めたり適切なコーチングを施したり、能力に合ったポジションに異動させることで、その成績を大幅に向上させることができると私たちは考えている。実際、私たちは研究の過程で、「並の」部下とともに大変優れた業績をあげた上司を何人も見てきた。

従業員には「潜在能力」があるとよく言われるが、どんな能力がどの程度隠されているかは誰にもわからない。わかっているのは、「この部下の潜在能力には限りがある」と考えた上司がその見方に沿った行動を取ること、そしてそのせいで部下は限られた成果しかあげられずに終わることが多いということぐらいである。

上司ばかりを責めるつもりはない。第5章で議論するが、症候群の進行には部下も加担している。しかし、上司の立場にある読者には、成績が伸び悩む要因を部下に求めるという従来型のアプローチを取らず、まず自分の行動を振り返ってもらいたいと私たちは考えている。

やり手上司ほど症候群の餌食に

上司と呼ばれる立場にある人は、この症候群の仕組みや恐ろしさを十分に理解しておかなくてはならない。

私たちが「できない部下」に話しかけると、彼らは上司についてありとあらゆる不満を並べ立てる。話を聞いてくれない、えこひいきばかりする、無意味なプレッシャーをかけてくる、会社に貢献するチャンスを与えてくれないといった不満である。こうした痛みやいらだちがあったら、成績などあがるはずがない。彼らは同僚と同じくらい努力しているかもしれないが、その能力を十分に発揮できない状態に置かれている。

ギクシャクした人間関係は、上司にも大きな負担となる。成績を引き上げてやろうと上司が一生懸命働きかけても、目に見える成果が得られることはまれで、無駄骨だったとぼやきが漏れることも多い。

上司と部下のストレスは他の人々にも影響する。「できない部下」は同僚に愚痴をこぼし、チームの団結を乱してしまう。「できない部下」が中間管理職なら、その部下たちにも余波が及ぶ。マッキンゼーが最近行った調査によれば、「できない上司」に仕える部下たちは、そのせいで「自分の出世が遅れる」とか「会社に貢献できなくなった」「辞めたくなった」などと考えているという。

「できない部下」を管理する能力は、上司の出世にも影響する。創造的リーダーシップ研究所（CCL）が二〇年にわたって行った研究によれば、大企業の最高幹部三名が成功の第一の秘訣としてあげているのは他ならぬ「部下との関係」である。また、八〇〇名あまりの人事担当幹部に取材した雑誌記事によれば、出世コースから外れた社員の八二%は、同僚や部下と良好な関係を築けなかったためにそうなってしまったそうだ。

こうした現象は若手マネジャーに限ったことではない。これまでトラブルに巻き込まれずにやってきたベテラン・マネジャーが直面することも十分ありえる。若いころには仲間をぐいぐい引っ張る積極性や物事を仕切る力が強みとなってくれるが、協調的なアプローチが求められる上級管理職の世界ではこれが弱点になるからだ。また、数名のマネジャーを二〇年間追跡調査してまとめた報告書によれば、良好な人間関係を築くスキルは時間が経つにつれ（または組織内でのポジションが上がるにつれ）低下するという。さらに、マネジャーが直面するプレッシャーはこのところ強まる一方だが、強いプレッシャーを受けると人間は欠点をさらけ出してしまうことが多い。

プレッシャーが弱ければ、部下を支援して良い関係を築くことは比較的容易だろう。だが、仕事が立て込んでゆとりがなくなってくると、そうはいかない。ストレスにさらされた上司はふだん以上に厳しく、短気になりがちだ。少なくとも、飲み込みの悪い部下ややる気のなさそうな部下にはそういう態度を取る。そして、頼りになりそうな他の部下に仕事を回すようになる。

その結果、上司は仕事を過剰に抱え、「できる部下」は過労に苦しみ、「できない部下」はいらだちを強める。チーム全体の業績は上がるかもしれないが、それはストレスや離職といった人的犠牲を払っての成果だ。けっして長続きするものではない。

職場のストレスは万国共通

マネジャーは業績を上げろという厳しいプレッシャーにさらされており、その分だけ症候群に陥りやすい。とくに、いくつものプロジェクト・チームに名を連ねるマネジャーや、組織がフラットなために直属の部下の数が多いマネジャーとなると、一部の部下との関係が悪化していることに気づかなかったり、気づいていても対応する時間やエネルギーがなかったりする。その結果、同じ人物が一部の部下にとっては素晴らしい上司となり、その他の部下にとっては最悪な上司となってしまう。

この症候群には、組織全体で取り組む必要がある。私たちの研究によれば症候群はあちこちに蔓延しており、放置しておけば企業の生産性にも深刻なダメージを与えかねない。

企業の人事担当者と話をすると、上司と部下のトラブルへの対応にかなりの時間を取られているという愚痴をよく聞かされる。耐えかねた上司が部下の異動を要求したり、部下が配置転換や退職を申し出たりするたびに、人事部は対応を迫られる。すると、長期的な展望に基づいた大事な仕事がその分おろそかになるというのだ。

上司と部下のトラブルがもたらす悪影響は、職場のいじめに関するリポートからも読み取れる。暴力がからむことは少ないが、上司による不当な批判、公の場での侮辱、無視、非現実的な目標の設定、成績の過小評価などは一九九〇年代半ばから急増している。過労によるストレスから特定の部下をいじめるケースが増えているとの指摘もある。

米国で実施されたあるアンケート調査では、自分が働くオフィスで、相手を怒鳴りつけたり罵倒したりするいじめがたびたび見られると答えた人が全体の四二%に上った。英国で行われた別の調査では、回答者の四人に一人が過去五年の間にいじめを受けた経験があると答えている。

フランスでは、「モラル・ハラスメントを阻止せよ」と題したノンフィクションが一九九八年にベストセラーとなり、法改正を促す原動力にもなった。日本ではホットラインが開設され、わずか二ヵ月で一七〇〇件を超える相談が寄せられた。スウェーデンでは、自殺の一〇〜一五%に職場のいじめが関係しているとみられている。

職場のいじめがもたらす多大なコストの研究も進んでいる。米国で行われたある調査によれば、いじめを受けた従業員の二四%は自分の仕事の量や質が落ちたと話している。また、いじめを受けた従業員はそうでない従業員よりも五〇%多く休みを取り、慢性疾患に苦しむ比率も二六%高いという。これでは生産性の低下は避けられない。

組織の士気も低下する。不当な扱いを受けたと感じた社員はそのことを同僚に話し、同じことを感じている仲間を見つけては自分の考えに自信を持つからだ。

変わることへの抵抗感が強まるとか、離職率が高まるといった間接的なコストも増える。この分野の権威とされる研究者は次のように話している。「会社を辞めるとき、そして辞めた後の面接調査の記録を多数分析した結果（中略）辞める理由の第一位は『上司が気に入らない』だった。ちっとも支えてくれない、コミュニケーションが取れないといったものである」

気に入らない部下は厄介払いすればいい――そう思う読者もいるかもしれない。しかし、従業員が不当な扱いを受けていたり追い出されてしまったりする職場環境では、組織や上司に「誰も忠誠心を抱かなくなる」可能性が高い。自分はしょせん消耗品なのだと従業員が考えてしまう企業では、人材の流出に歯止めがかからなかったり、優秀な人材が集まらなかったりすることも多い。上司と部下の関係悪化は、文字通り多大な悪影響を企業にもたらしうるのだ。

では、どうするか

セミナーで「失敗おぜん立て症候群」の概略を紹介すると、参加したマネジャーたちは盛んにうなずいてくれる。そうした事例を職場で何度も目撃し、チームの士気や生産性に及ぼすダメージを十分理解しているからだ。中には、自分自身がその犠牲になったという人もいる。

しかし、難しいのはここからである。マネジャーたちは、自分自身がいつのまにかこの症候群に陥り、事態を悪化させていた可能性があることを認めなければならないからだ。

この病を克服するには、上司は症候群の引き金をどのように引くのか、そして症候群が上司や部下、そして組織全体に及ぼす悪影響がなかなか察知されないのはなぜかという二点を理解しなければならない。さらに、「部下を矯正する」試みが失敗に終わるのは、そうした理解が上司に欠けており、上司と部下の間に認識のギャップがあるからだということも心に留める必要がある。

本書の目標は、他人がどんな人物であるかを判断するときに陥りがちなワナや偏見について説明し、上司が部下をもっと上手に使えるよう支援することである。それができれば、個人の成績や組織全体の業績の改善にも寄与するだろう。関係悪化に苦しむ上司と部下、そしてその周囲の人々の苦痛を和らげることにもなるだろう。

第2章から第4章までは、上司の努力がかえって事態を悪化させてしまうのはなぜか、そして上司はなぜそれに気づかないかという二点を、具体例を交えて解説する。第5章では、上司の働きかけに対する部下の反応も悪循環に拍車をかけていることを説明し、第6章では、上司と部下がいっしょになって産み出しているコストの中身を検証する。

第7章では、症候群の具体的な治療法を提示する。上司が症候群を理解するには、まず自分の考え方を変える必要があることを説く。第8章では、「できない部下」とうまく付き合うための枠組みを紹介し、第9章では、症候群の「予防法」を考える。第10章では、予防につながる行動を取りやすくするには上司自身が変わらなければならないことを論じる。

「部下の成績を、とくに今ひとつ信頼できない部下の成績を上げるにはどうすればよいのだろう」。上司と呼ばれる立場にある人なら、一度はこの問いに直面するはずだ。しかし、その答えとして取られる行動の大部分は間違っている。なぜそう言えるのか。これからどうすればよいのか。これからじっくり説明しよう。

第2章

間違いだらけの「上司の常識」

常識とは、一八歳になる前に身についた偏見の集合体である。
アルバート・アインシュタイン（科学者）

上司が部下の実力を最大限に引き出すには何をどうすればよいのか。学者たちはそれこそ数十年も前から、「最高の」リーダーシップのスタイルを追求したり、最上の成果をもたらすリーダーの人物像を探ったりして、この問いに答えようとしてきた。

しかし、普遍的な法則のようなものは見つからなかった。ある場合には成り立つが、状況が少しでも違うと成り立たないものばかりなのだ。そこで、特定の状況下で効果のあるアプローチを見つけようと「コンティンジェンシー理論」が提唱されたが、これも決定的な答えを見出すには至っていない。

こうした研究の大部分は、上司は部下全員に同じスタイルで接するという前提を暗黙のうちに設けていた。部下の反応を集計し、その平均値を取ってその上司のスタイルとみなしてきた。一人ひとりの部下の認識と平均値とのギャップは誤差として切り捨ててきた。

企業は今日、三六〇度人事評価という手法にかなりの資金と時間、エネルギーを投じている。上司、同僚、部下などあらゆる方面から情報を集めてマネジャーを評価するやり方だ。ところが、マネジャーに手渡されるフィードバックは、寄せられた意見の散らばり具合よりもその平均値に重きを置いている。マネジャーの「マネジメント・スタイル」、すなわち傾向を把握することがこの手法の目的だからだ。平均から離れた意見が「誤差」として処理されることはないかもしれないが、あまり注目されないことは間違いない。

また、三六〇度人事評価ではアンケート用紙をどの部下に渡すかを被評価者であるマネジャーが選べることも多いが、ここでもやはり、マネジャーはどの部下にもほぼ同じ「リーダーシップ・スタイル」で接すると考えられている。部下が一〇人いるなら、四人程度に話を聞けば「典型的な」答えが得られると見込んでいるのだ。

しかし、こうした手法には問題がある。考えてみてほしい。読者が自分の部下全員にアンケート用紙を渡したら、彼らはそこに何を書き込むだろうか。部下の名前を、そして一人ひとりの顔を思い出しながら想像してほしい。彼らはみな、判で押したように同じコメントを書くだろうか。おそらくそうではあるまい。では、誰が何を書くか予想できるだろうか……。私たちの研究は、まさにこの問いから始まった。

ジキル博士とハイド氏

かれこれ一〇年ほど前の話である。私たちはある企業でフィールド調査を行い、多数の上司と部下から話を聞いた。そして、部下には「上司が自分に対しどんな行動を取っているか」をアンケート用紙に書いてもらい、上司には部下全員の成績評価を教えてもらった。

数日後、二回目の面談を準備するために、ジャックというマネジャーとその部下四名の資料をながめていたところ、あることに気がついた。ジャックは二重人格なのかと疑いたくなるくらい、部下四名の評価が真っ二つに分かれていたのだ。

四名のうち二名（部下Aと部下B）によれば、ジャックは「人づき合いを重視する」マネジャーで、ざっくばらんな雰囲気で話をし、部下を仲間として扱う。仕事には厳しいがちゃんと支えてくれるし、話を聞いてくれ、権限も与えてくれる。要するに「理想的な上司」だ。

ところが残る二名（部下Cと部下D）によれば、ジャックは堅苦しい人物で話をしても楽しくない。細かなことに口をはさむ「マイクロマネジャー」で、いっしょにいると息が詰まりそうになるという。

他の質問の答えを分析しても、四名の印象は同様に対照的だった。そして、四名に対するジャックの評価も同じく真っ二つに分かれていた。部下Aと部下Bには比較的高い評価を与え、部下Cと部下Dには平均以下の評価を下していた。

私たちは頭を抱えた。これでは「ジキル博士とハイド氏」のように性格が分裂しているとしか思えないが、ジャック本人は精神的に安定したマネジャーである。ジャックの上司たちも、彼のことは高く評価している。経営大学院では財務諸表より人間の行動に関心を持って勉強したと聞いているし、私たち自身も、彼は思慮深い人物だという印象を持っていた。それなのに、部下の評価が真っ二つに分かれてしまうのはなぜなのだろう。

この差は単なる受け止め方の問題なのか。それとも実体のある違いなのか。私たちはジャック本人から話を聞くことにした。

ジャックは当初、教科書的な発言に終始した。

「一口に部下といっても、成熟度にはばらつきがある。成熟度の高い部下にあれこれ注意する必要はないが、そうでない部下にはいろいろ指導しなければならない。一人ひとりの性格も大事だ。厳しく言っても平気な部下もいれば、気を遣ってやらねばならない部下もいる」

そこで、部下の評価が真っ二つに分かれたことを話し、なぜこうなるかを尋ねてみた。明らかに答えづらそうだったが、しばらくしてぼそぼそと語り始めた。

「言われる通り、私は態度を使い分けていると思う。成績のいい部下には、その調子で頑張ってもらうために『頑張ってるね』とほめたり、ねぎらったりする必要がある。だが、成績の芳しくない部下と話すと、カウンセリングのようになってしまう。どうすればもっと良い成績が出せるか、あれこれ指導してしまう。教師のように振る舞っているかもしれない。それに、私も人間だからね。成績の悪い部下に声をかけられると、『今度は何の用だ』と思ってしまうこともある」

実に意外な告白だった。権限委譲やコーチングが有効であることを認識し、絶えず部下に目を向けているジャックが、一部の部下にはまったく異なる態度や行動を、それも意識的に取っているからだ。

これは極端な事例であるが、同様なパターンは他にも多数見つかった。マネジャーの自己分析は「できる部下」の分析に似ているが、部下全員に同じ態度で接しているかと問われると、大半のマネジャーは「否」と答えた。「成績の悪い部下は、こちらから背中を押してやらないと動かない。やむをえない」というのがその理由だ。つまり彼らは、「権限委譲する価値がある」と考えた部下にしか権限を委譲していないのである。私たちはこの現象を深く調べるため、他のマネジャーからも話を聞くことにした。

部下にレッテルを貼るマネジャー

まず、部下を成績優秀者とそうでない者とに分けて、以下のような文章を作ることができるかと尋ねてみた。

「一般に、成績が比較的優秀な者は○○○したり○○○であったりする傾向がある。一方、成績が比較的劣る者は○○○したり○○○であったりする傾向がある」

私たちはマネジャーたちにこの質問をするにあたり、「成績が比較的劣る」のはあくまで相対的な評価であり、「解雇に値する」という意味ではないことを強調した。最低限の仕事はしているが、「成績が比較的優秀な者」に比べると見劣りするということである。

この区別は意外に重要である。マネジャーは「この部下はもういらない」といったん決めてしまうと、その部下の最も良い部分を引き出すことなど考えなくなり、退職を勧めたり解雇の理由を考えたりするからだ。

すると、マネジャーたちは成績優秀者とそうでない者をはっきり区別した。これによると、成績が比較的劣る部下には次のような傾向が見られるという。

- やる気がない。元気がない。言われたことしかやらない。
- 自分で考えて行動しない。問題解決やプロジェクトを「自分が担当しよう」という意識がない。そのため、彼らの分まで上司が考えてやらねばならない。
- コミュニケーションが下手。受け身で言い訳ばかり探している。
- 先を読まない。問題の発生を予測できず、実際に発生すると隠そうとすることもある。
- 革新性に乏しく、変化を嫌う。新しいアイデアを提示することが少ない。
- 偏屈で細かいことにこだわる。大局的な視点がない。
- 部下を信頼できない（中間管理職の場合）。情報と権限を抱え込んで放さない傾向がある。
- 問題を解決することよりも、新たに引き起こすことのほうが多い。

私たちはこれまでに三〇〇〇名を超えるマネジャーから話を聞いてきたが、彼らの言う「できない社員の特徴」は驚くほど似通っている。社内での地位の上下や企業の違いはもちろん、国の違いさえ感じさせないほどだ。

私たちは次に、部下に接するときの行動について尋ねてみた。すべての部下に対し同じ行動を、同じように取っているか。それとも、部下によって使い分けるのか。あるいは、同じ行動を取るもののその取り方や程度を部下によって変えているかと聞いた。

マネジャーたちはこの問いにも、ためらうことなく「使い分ける」と答えた。どのように使い分けるか細かく解説したり、実演してみせたりしてくれるマネジャーもいた。ただ、大部分は「もっと信頼する」とか「もっと権限を与える」「あまり監視しない」といった抽象的な話に終わっていたので、できるだけ具体的に話してほしいとお願いした。表2－1はその結果をまとめたものだ。

この表を見ると、上司は「できる部下」にはやりがいのある仕事を任せていること、助けはするが事細かな指示はしないこと、できる部下を「スパーリング・パートナー」とみなしていろいろな話をしていることなどがわかる。

ところが「できない部下」が相手になると態度がガラリと変わる。「何をどのように、いつまでに」という指示が多くなり、会話も型にはまったものとなる。任せる仕事もパターンの決まったものになりがちだ。意見を言われても聞き入れず、逆に自分の意見を押しつける。仕事が順調に進んでいるかどうか、しばしば細かくチェックする。こうした傾向は先ほどと同様に、社内での地位や企業、国の違いに関係なく観察された。

表 2-1　部下に対する上司の行動

「できない部下」には……	「できる部下」には……
仕事やその目標の話になると命令口調になる。「何を、どのように」しなければならないかが話の中心。	「何を、なぜ」やるべきかが話の中心。「どのように」はあまり話題にならない。
目標や締め切りを細かく設定。行動計画を明確に決め、チェックポイントを設定する。意思決定の余地をあまり与えない。	手順を部下に決めさせる。チェックポイントはあまり設定せず、設定する場合には部下の意見を取り入れる。
仕事の進行状況を定期的にチェック。計画通りでなければ細かく調べ、部下が困っていたら進んで口を出す。	細かなチェックはせず、「何かあったら呼んでくれ」というスタンス。ミスや過ちは良い学習機会と捉える。
話題は仕事のことに集中し、細かく質問する。	ざっくばらんな雰囲気で、いろいろな話を自由にする。
目先の仕事の話ばかり。質問よりも命令することの方が多い。	部下を「スパーリング・パートナー」とみなし、戦略や方針、業務手続きなどにも話題が及ぶ。提案にも耳を傾ける。
意見が合わなければ、自分の主張を押しつける。「提案」と言いながら「勧告」する。	部下の意見を受け入れることが多い。上司の立場から意見することがあっても、あくまで「提案」だと強調し、部下が自分のやり方でやるよう勧める。
手順の決まった仕事を与えることが多い。	やりがいのある面白い仕事を与えることが多い。
物理的にも心情的にも距離を置きがち。	距離を置かないので、良好な人間関係が生まれる。

したがって全体的に言えば、私たちが話を聞いた三〇〇〇名あまりのマネジャーたちは、話をする部下が「できる」か「できない」かによって自分の態度や行動が変わることを「認識していた」。これは重要なポイントである。なぜなら、「彼らに任せようと努力したが、できなかった」のではなく、最初から任せようとしなかったことになるからだ。

実際、「できない部下」にはすべて任せたくないし、彼らと話すとすぐカッとなってしまうとのコメントがいくつか得られた。また、人材育成の観点から彼らが自発的に意見を出すのを待つものの、「なかなか出てこないので、ついついこちらの考えを押し込んでしまう」と打ち明けるマネジャーもいた。

「時間がないんだ。言い訳にしかならないけど、それが本音だね。あと五分、いや一五分待てばちゃんとした意見が出てくるというのなら待つけれど、やっぱり出てこないだろう。他にもやらねばならないことはあるし、僕はこう思うからそうしてくれと言ったほうが手っ取り早いんだよ」

このような研究結果を導いたのは私たちだけではない。「リーダー・メンバー交換理論」というリーダーシップの研究によれば、マネジャーの八〇〜九〇%が部下に応じて自分の態度を明確に使い分けているそうだ。

この問題については、一九七〇年代半ばに初めて大規模な研究が行われている。新しい上司とその部下を対象にしたものだったが、これによると、大半の上司は着任一ヵ月で「信頼できる部下」と

「あまり信頼できない部下」の区分けをほぼ終えていた。

また、上司に信頼されている部下たち（この研究では「内集団」と呼んでいる）は、そうでない部下たち（同じく「外集団」）よりもかなり目をかけられていた。自分に関係する意思決定に影響を及ぼすことができ、情報やフィードバックをしっかり受けていた。問題が生じたときには手厚い支援も得ていた。上司が自分を信頼していること、気にかけてくれていること、何かと後押ししてくれることにも気づいていた。

「内集団の部下たちは勘違いしていただけかもしれない」と研究者は考えたが、上司に確かめたところ、そうではないことが判明した。上司たちは、一部の部下とは互いに気遣い影響しあう関係を築き、他の部下とはルールや方針、正式な権限に基づいた関係を構築していた。そして、そのことをちゃんと認識していたのだ。

研究者たちはその後一年間、三ヵ月に一度のペースで同じ上司と部下の関係を観察し続けた。すると、着任一ヵ月後にできあがったこの区分けは、時が経つにつれてますます明確になった。一年後には、「外集団」の離職率は「内集団」のそれより五〇％以上高くなっていた。

こうした結果を裏付ける研究は枚挙にいとまがない。したがって、上司は部下を二つのグループに分け、態度や行動を使い分けていると考えてよさそうだが、ここで二つの疑問が浮上する。

第一の疑問は、「そんなことは常識じゃないか」というもの。第二の疑問は、「それがどうした。接し方やアドバイスの仕方が部下によって異なると、何か問題があるのか」というものだ。

第一の疑問に答えるのはやさしい。なるほど、マネジャーたちの行動は合理的に見える。「できない部下」はひとりではしっかり働けないから指導したり監視したりする、これは「ごく自然なこと」というわけだ。

しかし、常識が常に正しいとは限らない。たとえば、かつては地球は平らで、太陽が地球の周りを回っているというのが「常識」だった。普通に生活しているとたしかにそう思えるが、その後この「常識」が覆されたことは誰しも知るところである。

第二の疑問に答えるのは少しやっかいだ。

まず、私たちの研究によれば、「できない」とみなされた部下はそうでない部下よりも仕事や上司、組織全体に否定的な態度を示す。仲間を信頼できず、集団にとけ込めず、仕事にも打ち込めない傾向がある。

セミナーでそう話したところ、少なからぬ数のマネジャーが次のように反論した。「その通り。連中は仕事を楽しんでいない。楽しく働こうと思っていないからだよ。だからこそ、成績が上がるように、『外集団』から抜け出せるように彼らを励ましているんじゃないか」

残念ながら、この見方は近視眼的である。多くの研究で明らかなように、従業員が上司や組織を信頼できない環境では知識の共有が進まず、新入社員の教育や残業などで従業員同士が助け合うことも少なくなる。また、士気が低下したり離職率が上昇したりして、顧客サービスのレベルの低下や取引先との関係悪化、外部からの人材獲得の失敗といった事態を招く恐れもある。最終的には会社全体の業績も悪化しかねない。

たしかに、昨今の事業環境は厳しい。マネジャーたちは大変なプレッシャーにさらされており、部下を温かく見守るゆとりなどないかもしれない。また、あえて外集団に入れてつらい思いをさせたほうが、そこから這い出そうという部下のやる気を引き出せるとの見方もあるだろう。そこで、外集団に入るとはいったいどういうことか、少し考えてみたい。

外集団にいる部下の気持ち

外集団に入るといったいどんな感じがするものなのか。私たちがセミナーに参加したマネジャーたちに先の表2－1を見せると、こんな答えがよく返ってくる。「おやおや、これはまさに私がやっていることだ。それにしても、(できない部下の)グループには入りたくないものだな」

なぜそう思うのか。「こんな状況で働いて楽しいわけがない。それに、上司にこんな態度を取られたらいい成績など出せないよ」

その通り。私たちは研究の過程で、上司にこのような態度を取られた「できない部下」の多く(後述するが「すべて」ではない)が二種類の反応を見せることに気づいた。ひとつは、上司との接触を避けるという反応で、もうひとつは仕事そのものを避けるという反応だ。

上司を避ける

「できない」とみなされた部下はまず、上司を避けるようになる。顔を合わせても仕事や締め切りの話ばかりで面白くないからだ。ある部下はこう語っていた。「以前は自分からよく声をかけましたが、否定的なフィードバックしか返ってこないことがわかってからは、できるだけ顔を合わせないようにしました」

また「できない部下」は、アドバイスの内容がよくわからないときでも、わかったふりをするようになる。下手に聞き返せば、ただでさえ悪い印象がさらに悪くなるからだ。「口を開いて間抜けなことを言うよりも、黙って間抜けのふりをしていたほうがいい」と考えるのである。

さらに、問題が生じればこれを隠し、聞かれたことしか話さないようになる。下手に情報を提供すれば上司が過剰反応し、頼みもしないのに仕事に割り込んでくる恐れがあるからだ。ある部下はこんな話をしてくれた。「決められた手順から少しだけ外れてしまったので、一応耳に入れておこうと思っただけなのに、話をしたとたん、私の仕事を細かくチェックし始めたのです。あれ以来、口をつぐむことにしました」

仕事には一生懸命取り組むが、自分のまわりに壁を作る極端な事例もある。上司の監視を逃れたい、少しでも自由を取り戻したいという気持ちの表れだ。ある部下はこう話している。「自分ができる範囲で一生懸命仕事をしたおかげで、あれこれ言われずにすみました。トラブルなどないのだから好きなようにさせてくれ、と思いながらやっていました」

仕事を避ける

「できない」とみなされたためにやる気を失い、仕事の手を抜く部下は少なくない。否定されることや無視されることに疲れ、自分の考えを通そうという気持ちがなくなってしまうケースもある。ある部下はこう語った。「上司は仕事の手順を事細かに決めるんです。あそこまでやられると、『はいはい、わかりました。おっしゃる通りにやればいいんですね』という気持ちになる。ロボットになってしまうんですよ」

この状態が続くと、部下は「どうせ否定されるんだから、あれこれ試す必要などない」と考え、持ち前の創造性やエネルギーを仕事以外の分野に向けるようになる。仕事に対する自負もなくなり、自分で考えて行動すること、いや行動すること自体ばからしいと思ってしまうことすらある。

部下の自信を傷つける上司

部下が上司や仕事を避けるようになると、同僚や顧客との関係にも影響が生じ、ひいては企業全体の文化にも余波が及ぶ（この点については第6章で詳しく取り上げる）。

私たちの研究によれば、成績の低い部下のために上司が取る行動の大半は一見常識的で、部下の成績を引き上げたいという善意に基づいたものである。ところが実際は、この行動ゆえに部下は「自分で決めたことだからちゃんとやろう」という気持ちを失ってしまう。自分から進んで何かをやろうとも思わなくなり、何らかの見返りが確実に得られるときしか行動しなくなる。上司にほめられること、または怒鳴られずにすむことを何よりも重視するようになる。

また、前述のような上司の行動は「お前なんか信頼できない」というシグナルを部下に送ることになり、これが部下の成績をさらに低下させる。誰でも直観的にわかるだろうが、自分に自信を持てれば成績は上がる。自信があれば簡単にあきらめなくなり、一生懸命頑張るようになる。ところが、上司の行動は、「できない部下」の自信をさらに傷つける。

私たちがセミナーなどでそう話すと、「お説ごもっともだが、私はそんなヘマはしない」という声があがる。部下の自信を損なうリスクがあることはわかっている、だから努めて明るく、困ったら助けてやるからなという口調で話すというのだ。

この言葉に嘘はあるまい。本心を見破られないように努力していることは間違いないだろう。しかし部下たちの話を聞く限り、この努力は失敗に終わっている。私たちの調査によれば、上司が自分をどう思っているかわからず困っている部下はほとんどいない。自分が上司のお気に入りか否かは、誰もがわかっていると言ってよい。自分ならヘマはしないと思っている上司は、考え直すべきだろう。

上司の思惑は見透かされている

同じ上司に仕える部下数名を同時に観察した結果わかったことだが、上司が部下を比較したうえで発するシグナルを、部下は非常に敏感にキャッチする。上司の代理で会議に出席するような子飼いの部下はともかく、大半の部下は上司の一挙手一投足に注目する。他の部下とのやり取りを見逃さず、何を言って何を言わないかを聞き分け、表情やしぐさを観察し、何を選ばせ何を選ばせなかったかを記憶する。上司というものは、いろいろな場面で本心をあらわにしているものなのだ。ここでは、その主な例を六つ見てみよう。

余計なアドバイス

「できない部下」にアドバイスする上司は、消化しきれないほど大量のアドバイスを一度に行う傾向がある。

ある部下は、問題が生じたときに指示を仰ごうとすると、こちらの考えなど一切聞かず矢継ぎ早に提案を繰り出してくると愚痴をこぼしていた。「できる部下」が同様なケースで相談しに行くと、ちゃんと話を聞いてからアドバイスしている、この差はいったい何なんだとも話していた。

ここでひとつクイズを出そう。ある部下が問題に直面し、相談したいと上司のもとにやってきた。この上司は、(a)部下はすでに手を打ったはずだと考えて話を聞くだろうか。それとも、(b)尋ねるまでもない基本的な質問から話を始めるだろうか。

ある「できない部下」は、工場のラインが三本同時に止まってしまったと報告したところ、上司から「メンテナンス係を呼んだか」と聞かれ、侮辱された気分になったと話していた。なるほど、報告したのが「できる部下」だったら、こんな質問は出てこなかっただろう。

提案という名の命令

上司は「できない部下」に短時間で大量の提案をしがちだが、「提案」と言いながらこれを押しつける傾向もある。ある部下はこう語る。

「トラブルが生じたので、一応対策を講じてから上司に報告に行く。でも『よくやってくれた』とか、『なるほど、私は別の面からフォローしておこう』とは絶対に言ってくれない。『それぐらいはやって当然だな』でおしまいだ。僕の仕事ぶりには一切触れない。信用されてないことがよくわかるよ」

上司と「できない部下」の意見が異なるとき、上司は自分の解決策を押しつける傾向がある。それも頭ごなしに命令するのではなく、自分の影響力や専門知識を使い、そうせざるを得ないように誘導するのだ。たとえば、部下が折れるまで延々と同じ説明を続けることがある。これがただの提案ではないことは明白であり、部下もこれを命令だと理解する。

「できない部下」の主張通りにやらせるが、それで成功しても評価しない上司もいる。これは「俺の言う通りにやっていれば、もっとうまくいっていたはずだ」というメッセージに他ならない。部下はこれを敏感にキャッチし、とにかく言う通りにしていたほうが信頼されるようだと解釈する。

アイデアを却下する

自分のアイデアに上司がどんな反応を示すか。部下はこれを非常に気にするものだ。

内集団に属していれば好意的なフィードバックが得られ、上司が完全に同意しない場合でも思い通りにさせてくれることが多い。ところが、外集団に属しているとそうはいかない。アイデアを出しても、上司はろくに検討せずに却下したり無視したりする。

「できない部下」のアイデアにも耳を傾ける素振りを見せながら、実際にはそれを受け入れなかったり修正したりする上司もいる。あるマネジャーは、いらだちをあらわにしながらこんな話をしてくれた。「今の上司は私に意見を言わせてくれることもあるが、そういうときは、自分の意見に近いものに変えようとする。だから、あの人には何も言わないことにしたよ。延々と議論しても、最初のアイデアとは似ても似つかぬものになるのがオチだからね」

失敗に強く反応する

上司は我々の失敗には素早く、それも不当なほど強く反応する――「できない」とみなされた部下たちはそう口を揃える。

あるメーカーであった話だ。製造部門のマネジャーが工場を視察した後、成績の良いラインAと成績があまり芳しくないラインBを比較した電子メールを関係者全員に送信した。だが、ラインAが提示してラインBは提示しなかった指標ばかりに着目した内容だったため、ラインBの責任者は激怒した。

「全員が目を通すメールにあんなことを書くなんて信じられない。だいたいあのマネジャーは、私に何も聞きに来なかった。どうして数字を出さないのかとか、何か手伝えることはないかとか、一切尋ねなかった。そんな状況で書かれたものだから、腹が立って仕方がなかった」

「できない部下」と話をする気になっても、上司はつい一言付け加えてしまうことが多い。ある部下は、「上司からフィードバックをもらうときには、『だがな、君』というフレーズからお説教が始まるのがパターンだ」と話している。

「話の終わりにはいつも、何らかのテーマについて注意を受ける。たとえば、顧客満足とは全然関係のない話をした後でも、『顧客満足を向上させねばならん』と言われるんだ。せっかくいい感じで話が進んでも、最後に必ずこう言われるから、必ず暗い雰囲気で会話が終わることになる」

興味深いことに、この上司の別の部下は「上司との会話は必ず明るい雰囲気で終わる」と述べている。「オーケー、いつもの調子でやってくれ」とたいてい言われるからだそうだ。

成功には反応しない

「できない部下」は、仕事を上手にやりとげても好意的なフィードバックがないと愚痴をこぼす。「できる部下」と比較すると、その傾向はとくに際立つそうだ。ある「できない部下」はこう語った。

「励ましのこもったコメントなんて、ほとんど出てこない。今まで励まされたことだって、片手で数えられるぐらいかな。悪く言われたらその分発奮しなきゃとは思うけど、ずっとそういう調子だと正直しんどい。ちょっとでいいから、ほめてほしいよね」

「できない部下」が成功を収めたことがわかっても、それを素直に受け止められない上司もいる。「その部下はできない」というイメージにしばられているためだ。

「できない」とみなされていたセールス担当者は、上司が以前見せた反応が忘れられないと話していた。たいへん優れた月間販売成績をあげたものの、「返品はないのか、返品は。ゼロ？　本当か？信じられん！」と言われたからだ。この上司がこの部下にほとんど期待していないこと、この月の成績はまぐれだと考えていること、「できない」というイメージを変えるつもりもないことなどがこの反応から読み取れるだろう。

また極端な例だが、「できない部下」についてはどんな小さなことでもほめる上司がいる。だがこれも、前述の「尋ねるまでもない基本的な質問」と同じように、部下を見下している証拠となる。

推定有罪

法律の世界には、有罪だと立証されるまでは無罪とみなす「推定無罪」という概念がある。だが「できない部下」の成功と失敗に対する上司の歪んだ態度は、「推定有罪」と言ってもいい。

あるマネジャーは、自分のチームが集めた顧客注文をチェックする上司のやり方に腹を立てていた。チェックすることではなく、そのやり方に問題があったという。

「最初から疑ってかかるあのやり方にはもうウンザリだ。俺はお前を信用しないし、お前の部下も信用しない。だからとことんチェックしないと気がすまない。ここはどうしてこうしたのか。どうしてこれを見過ごしたのか……ずっとこんな調子なんだよ」

また別の「できない部下」は、上司の質問の細かさに辟易していた。「あれはどうなったの？　A

社は？　B社の案件はどこまで進んだの？　やるべきことはちゃんとやってるわよね？」。これではまるで尋問だ。お互いに学びあう雰囲気にはほど遠い。

こうした態度や行動を取られた部下は、上司が自分にプレッシャーをかけようとしているのではないかと想像する。自分のミスを見つけ、これ見よがしに指摘するつもりなのだと考える。そんなときに上司が部下を「引っかける」質問をしたりすれば、この部下の想像は確信に変わる。上司がこんな行動を取るのは自分を信頼していないからだ、具体的な指示がなければ身を入れて仕事をしないし、都合の悪い情報も知らせないと思っているんだ……部下はそう考え、自分が信頼されていないことを再確認する。

上司の中には、部下によって態度や行動を使い分けることを認めながらも、その違いはわずかだから部下にはわからないはずだと言い切る人がいる。だが、塵も積もれば山となる。しかも、部下が感じ取る印象は意外に正確だ。

クイズを出そう。私たちが読者の部下たち（もちろん、会ったことはない）を訪ね、上司としての読者の行動について聞き取り調査を行うと仮定する。いろいろな項目について五点満点で評価してもらうアンケート調査だ。そして同時に、読者には部下たちの成績を五つの項目について五点満点で評価してもらう。さて、私たちは部下たちの回答から、読者がそれぞれの部下をどう評価したか（平均以上か平均以下か）言い当てることができるだろうか。

答えは「できる」だ。私たち自身も驚いたが、九〇％近い確率で言い当てられることが研究の結果明らかになっている。自然科学ではなく社会科学の調査であること、人によって点数の付け方が異なることなどを考えると、この数値は非常に高い。上司の行動を観察すれば、その真意はすべて読み取れるとみなしてよいだろう。

そう、部下は上司の心を見透かしている。自分が信頼されているかどうか、正確に感じ取ることができるのだ。

ここまでの議論により、上司の態度や行動の違いが非常に重要な意味を持つことが明らかになった。次は、こうした上司の行動が部下のやる気や成績に悪影響を与えるメカニズムについて考えてみよう。

部下のやる気を奪う三つのメカニズム

セミナーに参加するマネジャーから、次のように反論されることがよくある。「どうしてマネジャーばかりが我慢しなければならないのか。部下の能力はもっと伸ばせるというが、それなら部下がやる気を出して結果を出し、上司を見返してやればいいじゃないか」

なるほど、あきらめるものかと踏ん張って良い成績を出す部下もいないわけではない。だが私たちの研究によれば、やる気や自信をなくすことはその人の成績に大きく響く。また「見返してやる」という気持ちには限界があるうえに、長続きしないことも多い。

ここまでは私たちの研究や観察をもとに議論を進めてきたが、ここからは他の研究者による研究成果を簡潔に紹介しながら、議論を深めることにしたい。

「やればできる」：自己効力感

自分でもやればできるという気持ち、すなわち「自己効力感」の研究によれば、自分の力を信じている人ほど優れた成績をあげることができる。逆に言えば、自信をなくすと成績も悪化する。たとえば、自己効力感のレベルが高い人ほど、ダイエットや禁煙に成功する確率は高くなる。職場においても、このレベル次第でストレスへの抵抗力が違ってくることがある。

自己効力感がその人の成績に影響することは、「マインドレスネス」や「学習性無力感」の研究成果でも裏付けられている。

マインドレスネスとは注意力や思考力、創造性が低下している状態を指す。そういった力が使われないために自己効力感が損なわれた状態だと言ってもよい。

たとえば、「できない部下」は仕事に機械的に取り組むことがある。上司から具体的で予測可能な、そして反論する余地がほとんどない指示をいつも受けていると、「頼まれたことの意味など考えるだけ無駄だから、さっさとやってしまえばよい」と考え、指示におとなしく従うだけのロボットになってしまう。組織にとっては効率的かもしれないが、こういう状況が長く続くと、この部下は異常なことを頼まれても異常であることに気づかなくなる恐れがあるし、新しい環境に対応することもできなくなるだろう。

自主性を発揮できない状況が続くと受け身になってしまうことは、学習性無力感の研究でも示されている。人間は、自分の行動が何の結果ももたらさないと認識すると、無力感を覚え始める。失敗を繰り返したり、自分ではどうしようもない出来事に進路を阻まれたりすると、「努力しても意味がない」とか「どうせダメなのだから、試みる必要もない」と思ってしまうのだ。環境が変わって追い風が吹き始めても、この思考から抜け出せないこともある。

「やってみたい」：自己決定理論

自己決定理論という考え方によれば、人間は自発的に動いているときほど物事に関心を示し、自信を持って行動でき、結果的に良い成績を収めることができる。逆に、誰かにコントロールされているという意識が強いと自分のやっていることに関心が持てなくなったり、満足できなくなったりする。本書で言う「できない部下」たちの行動が、どちらかと言えばコントロールされていることは、もはや言うまでもないだろう。

自発的に動いている場合とそうでない場合の差がかなり大きいことは、いろいろな場面で観察される。たとえば、学校の規則が厳しいと感じている子供ほど、あまり努力をしたがらない傾向がある。失敗にもうまく対処できず、何かあれば教師などのせいにする。一方、自発的に取り組んでいる子供は自分の行動に責任を持ち、失敗にも耐えられる。中途退学することも少なく、創造性も豊かである。好奇心が旺盛で知識をどんどん吸収するため、学業成績も良好だ。

自己決定理論は、「できない部下」がやる気を出せない理由も説明してくれる。さまざまな状況下で行われた実験の結果によれば、人間は①自分で考えて動いている、②自分には能力がある、③自分は個人として評価されている、と感じるときに力を発揮する。「できない部下」の成績が伸びないのは、上司の介入によってこの三条件が満たされないからだと言えよう。

つまり、「できない部下」は上司から事細かな指示を受けるため、自分で判断を下したり問題を解決したりすることが少ない。手順の決まった仕事を与えられる傾向があり、新しいスキルを伸ばすチャンスが少ない。上司からのフィードバックも否定的で、学習の材料になりにくい。おまけに、上司とは目先の仕事の話ばかりで、個人として評価されているという感覚もないのである。

「君ならできる!」:ピグマリオン効果

上司の期待が部下の成績に影響を与える「ピグマリオン効果」の研究を紹介しよう。

研究者がある小学校の協力を得て子供たちに知能テストを実施し、その後で子供たちを二つのグループに分けた。教師には、テストの結果をもとに学力が伸びる可能性が高いグループと普通のグループの二つに分けたと話した。だが、これは真っ赤な嘘で、実際は両グループの成績がほぼ同じになるように分けていた。

ところが、三ヵ月後に知能テストを再度実施したところ、「有望」グループは「普通」グループを大幅に上回る成績を叩き出した。教師が「有望」グループに高い期待を抱いたために、子供たちの成績がそれに引っ張られるように伸びたのである。

この効果については検証が多数行われており、ピグマリオン効果は学校では有効だという結果が出ている。しかも、その効果は強く、長持ちする。ある研究者が子供たちの算数の成績を七年間にわたり記録したところ、ピグマリオン効果が六年間続いたことが確かめられたそうだ。

もちろん、実験対象となった子供たちはまだ自我が確立しておらず、大人よりもおだてに乗りやすい面はあるだろう。しかし、イスラエルの軍隊で行われた研究でも同じような結果が得られている。

この研究は三つの実験からなる。第一の実験は、先ほどの知能テストの実験とほぼ同じ。心理学者が訓練担当の教官を集め、これから受け入れる訓練生の半分は高い潜在能力を持っているが、残る半分は普通だと話した。もちろん、これは嘘である。しかし、訓練期間最終日に行ったテストでは、有望とされた訓練生たちの成績が普通とされた訓練生たちのそれを一五％も上回っていた。

第二の実験では、訓練生全体にピグマリオン効果をもたらせられないかどうかを検討した。「優秀な」訓練生たちは、自分たちが他の訓練生よりも大事にされている様子を「実際に見なければならない」のだろうか。もし見なくてもこの効果を享受できるなら、訓練生を「有望」と「普通」の二つに分けることなく、グループ全体にピグマリオン効果を行き渡らせることができるのではないか、と考えたのだ。

心理学者は一部の教官に、この訓練生たちは「全体的に」高い潜在能力を持っていると告げ、その他の教官には潜在能力の話をしなかった。すると最終日に行ったテストでは、訓練生たちがかなりの好成績を残した。これを見る限り、ピグマリオン効果は全員に働く可能性があると言えそうだ。

ここまで読んだ読者は、さっそく部下をつかまえて「いやぁ、君たちは素晴らしい力を持っているる」と励ましたくなるかもしれない。だが、ちょっと待ってほしい。実験に参加した教官たちは「高い潜在能力を持っている」という心理学者の言葉を信じ、訓練生が好成績を収めることを心の底から期待していた。ところがあなたは、部下の評価をすでに決めてしまっているだろう。残念ながら、そういう本心を隠して部下に接しても、うまくいく可能性はかなり小さい。

第三の実験は、「訓練生に対する教官の期待」を高める効果と、「自分自身に対する訓練生の期待」を高める効果を比較するために行われた。心理学者は訓練生を無作為に四つのグループに分けた。そして教官たちを集め、訓練生の半分はテスト済みで「高い潜在能力」を持つグループと「普通」のグループに分けたが、残る半分（二グループ）についてはテストの結果が出ておらず潜在能力は「不明」だと話した。すると、七週間に及ぶ訓練の最終日に行ったテストでは、「高い潜在能力」を持つと言われた訓練生のグループが、「普通」のグループを平均で一二％引き離す成績を残した。

この実験結果を見る限り、上司（ここでは教官）の期待するレベルが高ければ部下（ここでは訓練生）の成績はその分引き上げられるとみてよさそうである。

では、この逆は成り立つだろうか。つまり、上司の期待するレベルが低ければ、部下の成績はその分伸び悩んでしまうのだろうか。

上司の期待を意図的に引き下げるという実験は倫理的に問題であるため、心理学者はある工夫をこらした。期待を引き下げるのではなく、自然に生じる低い期待を除去することにしたのだ。

この軍隊では訓練生を受け入れる際に、訓練生の体力テストの結果を事前に教官に渡すことになっていた。これを見れば、どの訓練生が体力の劣る「弱虫」かわかる。

そこで心理学者は半数の教官に対し、潜在的な体力がどの程度劣るかは通常の体力テストではきちんと計測できないと告げた。つまり、「弱虫」というテスト結果はあてにならないと伝えたのだ。そして残る半分の教官には、テストが信頼できるか否かという話は一切しなかった。

すると、最終日に行ったテストで差が出た。テストなどあてにならないと告げられた教官の担当したグループの「弱虫」たちは、そうでないグループの「弱虫」よりも体力を向上させることができたのだ。その差は懸垂と腹筋の平均回数で約一〇％に達し、二〇〇〇メートル走のタイムも速かった。さらに、「弱虫」たちが各グループの上位三分の一に仲間入りする確率も三倍高かった。このように、期待されていないとやる気が萎えてしまい、本当にできなくなってしまう現象は「ゴーレム効果」と言われている。

こうした研究を見る限り、高い地位にある人の期待が低ければ、その配下にある人の成績もそれにあわせて低下しがちだと言える。上司が部下の自信ややる気を損ない、ひいてはその成績を押し下げてしまう理由や仕組みも、これでかなり説明できそうだ。

第三の実験の後半からも興味深い結論が読み取れる。この実験で心理学者は、訓練生の半分（二グループ）についてはテストの結果が出ておらず、潜在能力は「不明」だと教官たちに告げていた。つまり彼らについて教官たちは先入観を持っていない。だが心理学者はこの二グループの訓練生たちの半分に「君たちには高い潜在能力がある」と告げ、残りの半分には「君たちは普通だ」と話していた。すると、「潜在能力が高い」と言われた訓練生たちは、「普通だ」と言われた訓練生たちを平均一五％上回る成績を残した。

第三の実験の前半でついた差が一二％で、後半でついた差が一五％。前半は教官を介して訓練生に間接的に働きかけたときの差であり、後者は訓練生に直接働きかけたときの差である。二つの数字がかなり近いことは、間接的な働きかけでもあまりロスがないこと、すなわち上司の行動が部下の自分自身に対する期待や自信に強いインパクトを与えていることを示していると言えるだろう。

上司の指導は逆効果

上司は「できない部下」の成績を引き上げようと努力するが、指示が細かすぎたり励ましの言葉に心がこもっていなかったりすることが多い。そのため、「できない部下」は上司に期待されていないことを感じ取って自信をなくし、自分で決断する機会も失い、ますます成績を悪くしてしまう。だが不思議なことに、上司は「できる部下」にはこんなことはしない。これではまるで、部下に応じて良いリーダーの顔と悪いリーダーの顔を使い分けているようである。

実際、上司はリーダーとして持っている資源を「できる部下」には惜しみなく注ぎ込む傾向がある。一方で、「できない部下」には本心を隠して接するが、胸の内をものの見事に読まれてしまう。

こうしたことが積み重なって、部下の成績は二極分化する。「できる部下」はますますできるようになり、「できない部下」は上司にも仕事にも関わろうとしなくなる。

「できない部下」を全員「できる部下」に変えられるとは、さすがの私たちも思っていない。だが、部下の成績悪化を食い止めようと上司がたいへんな努力を払っている現状を考えれば、「できない部下」の成績改善は、たとえわずかなものであっても大きな成果だと言えるだろう。「できない」とみなされた部下でも、その扱い方を工夫すれば、成績を伸ばす余地が大いにあるのだ。

部下の成績が悪いとき、上司は「自分たちの努力にもかかわらず」そうなっていると考える。だが、実際には「上司の努力ゆえに」部下の成績が悪いというケースが多い。上司は自分で自分の首を絞め、同時に部下の首まで絞めているのだ！

良かれと思って指導しているのに、かえってそれがあだとなる。何万人、いや何十万人もの上司たちが、なぜこの逆効果に苦しんでいるのか。第3章ではその理由に迫ってみよう。

第3章 職場を蝕む悪循環

ずっと前から理解していたことが突然、それまでとまったく違った切り口からでも理解できるようになる。学ぶとはそういうことだ。

ドリス・レッシング（英国の作家）

「できない部下」を作りだしているのは上司だという私たちの主張に初めて触れた読者は、少し驚いたかもしれない。「無効な理論を有効だと信じ込んで使っているマネジャーが数え切れないほどいるというが、本当だろうか。それに気づいているのがこの本の著者だけというのも、信じてよいのだろうか」。そう疑っている読者もいるだろう。

まず、最初の疑問の答えは「イエス」である。「できない」とみなされた部下の成績を引き上げようとして理論に頼り、かえって状況を悪化させているマネジャーは非常に多い。しかし、二番目の疑問の答えは「ノー」である。私たちが論じていることは、かなりの数の人が部分的にではあるが感じ取っていると思われるからだ。たとえば、「できない部下」を「できる部下」に変えるのは難しいと思っている上司や、「できない部下」を助けてやるのは面倒だと感じている上司は多いだろう。そうした努力は実りが少ないことや、「できない部下」はさらにできなくなるケースが多いことに気づいている上司もいるだろう。

実際、「できない部下」に手がかかるのは仕方がないと一般には思われている。一部の企業の人事部は、「できる部下」の指導にエネルギーを集中するよう上司に促しているという。そのほうが会社の業績を伸ばすには効率がいいからだそうだ。「できない部下」はさっさと追い出してしまえとマネジャーに勧める企業もある。

逆のケースもある。ある大手ハイテク企業は新しい業績評価システムを導入し、従業員に順位をつけている。最もできない一〇%の従業員を見つけ出し、特別なプログラムに参加させて成績を伸ばすのが目的だ。

もっとも、この企業の幹部は、最悪の場合には参加者の七五%が成績向上に失敗して会社を去ると見込んでいる。「成績の悪い社員は、やっぱりどう使えばいいのかわからない」そうだ。

このように、「できない部下」のマネジメントやその成績の向上は容易ではなく、失敗に終わることが多いと個人も企業も認識している。だが、上司が努力するためにかえって部下が失敗してしまうことは、まだあまり認識されていない。

この点は非常に重要である。もし上司の努力にも問題があるのなら、部下の評価は当然違ったものになるし、対処の仕方も変わってくるからだ。

そこでこの章では、上司が果たしている役割を会社や上司がなぜ理解できないかという問題を取り上げてみたい。具体的には、次の三点について論じようと思う。

①「できない部下」に対する上司の行動は、部下のやる気を大きく損なう力を秘めているが、会社も上司もその力を甘く見ている。

②上司の行動は「できない部下」の行動をかなり束縛しているが、会社や上司はこの点も甘く見ている。

③上司と部下は「自己成就的なメカニズム」に囚われている。すなわち、上司が予想した通りに行動したり、実際に芳しくない結果を出してしまったりすると、上司は「それ見たことか！」と自分の判断に自信を持ち、それ以降ずっと同じ態度で部下に接してしまう。

この三点が重なると、部下の成績をさらに悪化させる強力な悪循環が始まる。抵抗を試みる部下も中にはいるが、その努力は長続きしないことが多い。

上司の期待が持つ威力

上司の部下に対する期待が、部下の自分自身に対する期待に影響を及ぼし、その行動をも決めてしまうことは第2章で紹介した。「できない」とみなされた部下は、上司が自分に低い評価を下していることを察知し始め、その低い期待に自分をあわせ、やる気を失う。すると上司は、どうして部下がそんな反応を示すのかわからず困ってしまう。もちろん、そんな評価には甘んじないと反発する部下もいるが、たいていの部下はしぼんでしまう。

自分が「外集団」にいるという認識が部下のやる気をどれほど削いでいるか、大半の上司はあまり理解していない。経験がないからではない。私たちが調べた限り、上司の多くは「自分もかつて上司ににらまれたことがある」と述べている。そのときは不当な扱いに怒り、いらだちや寂しさを感じ、不安を覚えたそうだ。

上司が部下によって行動や態度を使い分けること自体は大した問題ではない。一口に部下といっても、平均以上に仕事のできる部下もいれば経験豊富な部下もおり、人一倍やる気のある部下もいる。上司は実績をあげなければならないから、重要な仕事は頼りにできる部下に任せる一方で、あまり頼りにならない部下については仕事ぶりを細かくチェックしたくもなるだろう。

問題は、上司が「できない部下」に「できる部下」とは異なる態度で接することではなく、「できない部下」と接するときの態度や行動によって、評価や信頼度の低さが伝わってしまうことにある。

人の自信は非常に揺らぎやすく、ちょっとした不快感や無関心にさらされただけで傷ついてしまう。ある研究によれば、スポーツ選手に「競争相手が君たちよりもいい記録を出した」と嘘をついたところ、その直後の体力テストで持久力の大幅な低下が観察された。また、同じ方法で男性の選手をがっかりさせ、女性の選手を（同じく嘘の情報で）励ました後で競わせたところ、性別による体力差はほとんど感じられなくなったそうだ。

もちろん、マネジャーは人並み以上の自信があったからこそ今の地位に上り詰めたのだという指摘もあろう。自信の有無は効果的なリーダーシップや出世に関係するという研究結果は、数十年も前から報告されている。

しかし、マネジャーが自分の能力をまったく疑わないわけではない。リーダーシップの研究で知られるジョン・ハント氏は、「どんなに優れた成績を収めた人でも、その働きを継続的に否定されるとあっという間に成績が低下することがある」と述べている。この現象は、帰国した海外駐在員によく見られる。赴任先では自分で考えながら行動し、数々の経験を積んで自信をつけてきたが、帰国すると自分の居場所がないことがわかり、せっかくの自信が萎えてしまうのだ。

「できない」とみなされてしまった部下たちはその自信を揺さぶられ、自分は何の役にも立たないのではないかという気持ちに襲われ始める。自分の思考を疑い、組織からはみ出してしまったような気持ちになる。自分を信用できなくなり、自分の行動を検閲するようになる。いいアイデアだと思っても却下されるのが恐くて口に出せなかったり、ここぞというときに力を入れられず失敗してしまったりする。

仕事を楽しむ気持ちや熱意も失せてしまう。「外集団」に入ってしまうと、上司の干渉を避けるためにさらに用心深くなる。何をやっても上司は評価してくれないと思い込み、リスクを取るのをやめてしまう。チャンスを拒み、コミュニケーションを拒み、言われたことだけをやるようになる。しかも、ここまで来るのにそう時間はかからない。

仕事観も変わってくる。仕事とは単なる行為であり、誰がやっても同じだと思ってしまう。目的意識や仲間とのつながりも薄れる。仕事の成果に満足することも、スキルを高めたいと思うこともなくなる。「できない自分に満足してしまう」のだ。これは本人にとって、とくにそれまで比較的大きな成果をあげてきた人にとってはつらく、苦しい状況である。

あっという間に変わる部下のやる気

期待されるとやる気が出て力を伸ばすことができるピグマリオン効果。逆に、期待されないためにやる気が萎え、本当にできなくなってしまうゴーレム効果。これらの効果のすごさはそのスピードにある。

上司が部下の力量に疑問を抱き、部下のやる気を損ない始めるまでにかかる時間はどれぐらいだろうか。大半の部下はそれなりの実績を持っているので、ある程度は自信を維持できるはずである。したがって、最短でも数ヵ月はかかると考えたくなるだろう。

なにしろ仕組みが複雑だ。まず、上司の心に疑念が芽生え、それが確信に変わる。上司の行動が変わりはじめ、部下がそれを察知する。部下は上司の印象を正そうと努力するが、ゆっくりと、しかし確実に、そうした努力がムダであることに気づく。部下は自信を失い、成績が低下する。最初は緩やかだが、ある時点から目に見えて落ち始める。

第2章で紹介したピグマリオン効果の研究では、七週間の訓練期間の後に、教官の期待がテスト結果に大きな影響を及ぼしたことが確認された。では、この影響が及ぶのにかかった時間はどれくらいなのだろうか。

答えは五週間でもなく三週間でもない。数日である。心理学者はこの研究で、テストを毎週実施していた。これを分析したところ、良い成績を出すと期待された訓練生たちは、訓練開始から一週間後のテストで早くも好成績を収め、その後も他の訓練生との差を広げていったことがわかった。自分たちは成功できるという期待も、同じように高まっていったそうだ。

これほど速く影響が及ぶと知っているマネジャーは少ないだろう。実際の職場でも同じくらい速いかどうか、私たちはまだ確認していない。だが、上司の行動や評価が成績の良い部下にも大きな影響を与えていることには、いつも驚かされる。自己決定理論の研究者たちが指摘するように、大半の人間は能力や自律性、関係性を強く求めるが、上司は「できない部下」がそうした欲求を実現させる能力を低下させている可能性があるのだ。

それだけではない。上司はもっとシンプルな行動をほとんど機械的に取ることで、部下の成績をさらに悪化させている恐れがある。

「できない」ままでいてほしい

第2章で紹介した二つのリストを思い出していただきたい。第一のリストは、マネジャーから見た「できない部下」の態度や行動のリスト（34ページ）。第二のリストは、「できる部下」と「できない部下」に対する上司の行動を比較した表2－1（36ページ）である。二つのリストを改めてながめると、上司の認識がその行動にしっかり反映されていることがよくわかる。

そこで、因果関係を逆にする形で二つのリストを組み合わせて表3－1を作ってみた。これを見れば、「できない部下」が上司の目にどう映っているか、上司のふだんの行動（左列）からほぼ察しがつくことがわかるだろう。これを見る限り、「できない」というレッテルを剝がそうとする部下にとって上司の行動がプラスになっているとは到底思えない。

表 3-1　上司は、部下に対する認識を自らの行動で強めている

「できない部下」に対する上司の行動		「できない部下」に対する上司の認識
仕事やその目標の話になると命令口調になる。「何を、どのように」しなければならないかが話の中心になる。	➡	自分で考えて行動しない。問題解決やプロジェクトを「自分が担当しよう」という意識がない。
目標や締め切りを細かく設定。行動計画を明確に決め、チェックポイントを設ける。	➡	自分から行動を起こさない。彼らの分まで上司が考えてやらねばならない。
意思決定の余地をあまり与えない。	➡	自分の部下に権限を委譲しない（中間管理職の場合）。
手順の決まった仕事を与えることが多い。	➡	やる気がない。言われたことしかやらない。
仕事の進行状況を定期的にチェック。計画通りでなければ細かく調べ、部下が困っていたらしっかり関与する。	➡	困っても助けを求めない。問題が生じても上司になかなか打ち明けないので、にっちもさっちもいかなくなる。
物理的にも心情的にも距離を置きがち。	➡	受け身で言い訳ばかり探している。
話題は仕事に集中し、細かく質問する。	➡	偏屈で細かいことにこだわる。大局的な見方ができない。
目先の仕事の話しかしない。質問するよりも命令することの方が多い。	➡	「スパーリング・パートナー」にはあまり向かない。
意見が合わなければ、自分の主張を押しつける。「提案」と言いながら「勧告」する。	➡	変化を拒む。新しいアイデアや解決策を提示することが少ない。

たとえば、「できない部下」は判断力が劣るとされている。問題が生じて「にっちもさっちもいかなくなる」「細かいことにこだわる」「問題の発生を予測できない」「情報を抱え込む」「大局的な見方ができない」といったところで判断力のなさが露呈するという。

しかし、上司が告白しているように「何をいつまでに、どのように」するかが話の中心になり、「なぜ」がおろそかにされるようでは、こうした欠点は改善されない。戦略的決断を下す前に何を考えたかが明らかにされなければ、「できない部下」は自分の担当部分と仕事全体との関係を十分に理解することができないからである。手順の決まった仕事や、外部との接触が少ない仕事ばかりを与えられていたらなおさらだ。

「できない部下」はまた、上司が自分の仕事ぶりをしっかり観察していることや、遅れが生じたら仕事を自分から取り上げてしまうことも知っている。そのような環境では、自分の身を守ることが大事だと考え、情報の発信やトラブルの報告に二の足を踏むこともありえよう。上司は逆に、「こちらから聞き出してやらねばならない」と思うだろう。

「できない部下」がもし管理職だったら、彼はマネジャーとしても低く評価されるだろう。自分の部下に情報や権限を委譲しないし、彼らからやる気を引き出すのも下手というわけだ。しかし、これも驚くにはあたらない。そもそも、自分が自信を失いかけているときに、他人のやる気を引き出すのは容易ではない。また数々の目標やチェックポイントを設定されていれば、自分で工夫できる余地が残っていなかったり、委譲すべき権限が非常に小さかったりするものだ。

さらに、「できない部下」が上司に見出すのは「支配するマネジメント」である。このスタイルに慣れ親しんでいるために、自分でもついこのスタイルを使ってしまうこともあるだろう。

上司たちは、「できない部下」はギブ・アンド・テイクの比率が低いとか、アイデアを出さないしこちらの意見にもコメントしてくれないとこぼすことがある。しかし、上司がハイレベルな情報を提供しておらず、新しい考え方に触れる機会（研修や海外出張、社外の集まりへの代理出席など）もあまり与えていない部下に、スパーリング・パートナーとしての役割を期待することには無理があろう。

おまけに、上司は「できない部下」に意見を求めず、自分の意見を押しつけるのが常である。意見を出しても却下されるのがオチだとわかっていたら、部下は提案などしない。そうなれば部下が自信をつける場面はめぐってこないし、独自のアイデアを推進する機会も生まれないだろう。

「できない部下」を取り巻く環境は、上司の監督によってさらに悪化する。「できない部下」を見つけた上司はその仕事ぶりをつぶさに観察し、中間目標や締め切りをいくつも設け、トラブルの兆しには敏感に反応するからだ。実際、上司はそうした兆しを常に探すようになり、部下と付き合いのある同僚や取引先から情報を得たりするようになる。こうなれば、見つかる問題はどうしても増える。「できる部下」は上司の監視が厳しくないため、問題に直面しても気づかれないうちに処理できることがあるが、「できない部下」ではそうはいかない。

もちろん、「できない部下」の中には、上司が言う通りの行動を取る人もいるだろう。本当に判断力に欠けていたり、本当にやる気がない人もいるだろう。しかし、部下が前掲の表にあるような態度を示すと、上司がそれに反応し行動することで事態はさらに悪化することが多い。

上司が作り出す「できない部下」

上司の行動を見てやる気を失うと、「できない部下」が成績を大きく向上させる可能性は小さくなる。自分は軽く見られている、無視されていると感じた部下は、どうしてもやる気や自信を失いがちだ。また、「できる部下」のようにチャンスや情報、工夫の余地を与えられていない以上、挽回は難しい。おまけに、助けてやろうという上司の行動は部下から権限を奪い、そのやる気をさらに損なってしまう。

いったん外集団に入ってしまうと、部下がそこから抜け出す方法はなかなか見つからない。抜け出すには良い成績をあげなければならないが、良い成績をあげたとみなされるには内集団に入り、上司から支援やチャンスを与えてもらわねばならないという、八方塞がりの状況に陥るからだ。

ところが、上司はこういう状況を見て、「この部下は自分が予想した通りに行動している」と考える。やっぱりこの部下はやる気がない、何事も受け身でリスクを取ろうとしない、細かなことまで指示を仰ごうとする、と思ってしまう。そして実際に成績が悪化するのを見て、自分の見立ては正しかったと自信を深めていく。

このような展開は「自己成就的」だと呼ばれる。上司は部下にある特定の行動を取ってほしくないと考え、それに沿って自分の行動も調整する。ところがその調整ゆえに、取ってほしくないと思っていた行動をかえって部下が取ってしまうという意味だ。

しかも上司は、「できない部下」を自ら創り出すだけでなく、悪意がないため間違った行動を他の部下にも取ってしまう。その意味でこの現象は「自己強化的」でもある。

リチャードとミッシェルの事例を使ってこのことを説明しよう。マネジャーのリチャードは「できない部下」について、①トラブルに陥っても助けを求めない、②いい仕事をしようという気概がない、③こちらから言わなければ動かないし、説明責任を果たそうとしないことが多い、という三つの特徴があると考えている。

リチャードは、部下のミッシェルを「できない部下」だと考えている。そのため、彼女については行動を監視したり、できるだけ具体的な質問をしたりする一方で、励ましの言葉はあまり与えない。成績も常に注意して見ているので、何か問題らしきものが生じればすぐわかるようになっている。さらに、①と②の特徴が見られることから、ミッシェルがトラブルに直面したらすぐに割って入り、問題の分析と解決を支援しなければと考えている。

ところが、リチャードは多忙だ。部下のコーチングに力を入れたいとは思うが、「できない部下」が相手のときはついイライラしてしまい、非常に具体的な指示を与えてしまうことがある。

一方、リチャードが上司になってから、ミッシェルは自分で考えて行動したいという気が薄れ、言われたことを言われた通りにこなすことに慣れてしまった。「リチャードは、どうせ私のやり方を認めない。言われた通りにやっていたほうが怒られずにすむ」からだ。また、口論になると面倒なので、アイデアが浮かんでもリチャードには話さない。というより、ごく必要なときしか話をしない。

ここで注目すべきは、リチャードが恐れていた（そして半ば覚悟していた）行動をミッシェルが取っていることである。リチャードの予想通りになってしまったために、ミッシェルは「できない部下」だという当初の印象は確信に変わった。リチャードは本当にミッシェルから目を離せなくなったのだ。これからもずっと働きぶりをチェックすることになるだろう。

リチャードとミッシェルが自己成就的かつ自己強化的な悪循環に陥ったことが、これでおわかりいただけただろう。図3－1はこれを図示したものである。

悪循環のスイッチが入るとき

図3－1にまとめた悪循環は、あっという間に進行する。第2章で述べたように、「できない」とみなされた部下は、細かな指導や頼みもしない支援の手を差し伸べられると、まず上司との接触を避けようとする。この段階になると上司もようやく異変に気づき始めるが、両者の距離が広がったために、上司は部下のトラブルも成功も察知しにくくなっている。部下の意思決定に上司が手を貸したり、部下が状況を把握していることを上司が再確認したりするチャンスも減る。その結果、上司の不安感や部下に対するいらだちは強まり、部下をコントロールしたいという欲求も強くなる。

すると、部下にとって上司との対話はさらにつらいものになり、部下はますます距離を置こうとする。私たちが見る限り、上司と部下の関係は、部下の成績が低下する前に悪化することが多いようだ。

部下との接触を断たれて不安が増した上司は、部下のちょっとしたミスにも過剰反応しがちである。トラブルの兆しを見つけては飛びつき、あれこれ指図したり説教したりする。これでは、「できない部下」が心配事を打ち明けたがらなくなるのも無理はない。そのために問題の発見が遅れ、最終的に上司の介入が不可避となることもあるだろう。

しかし、上司が力ずくで介入しても部下の意識は変わらない。「やっぱり自力で解決するか、でき

図3-1　悪気はなかったが

上司が作りだす悪循環

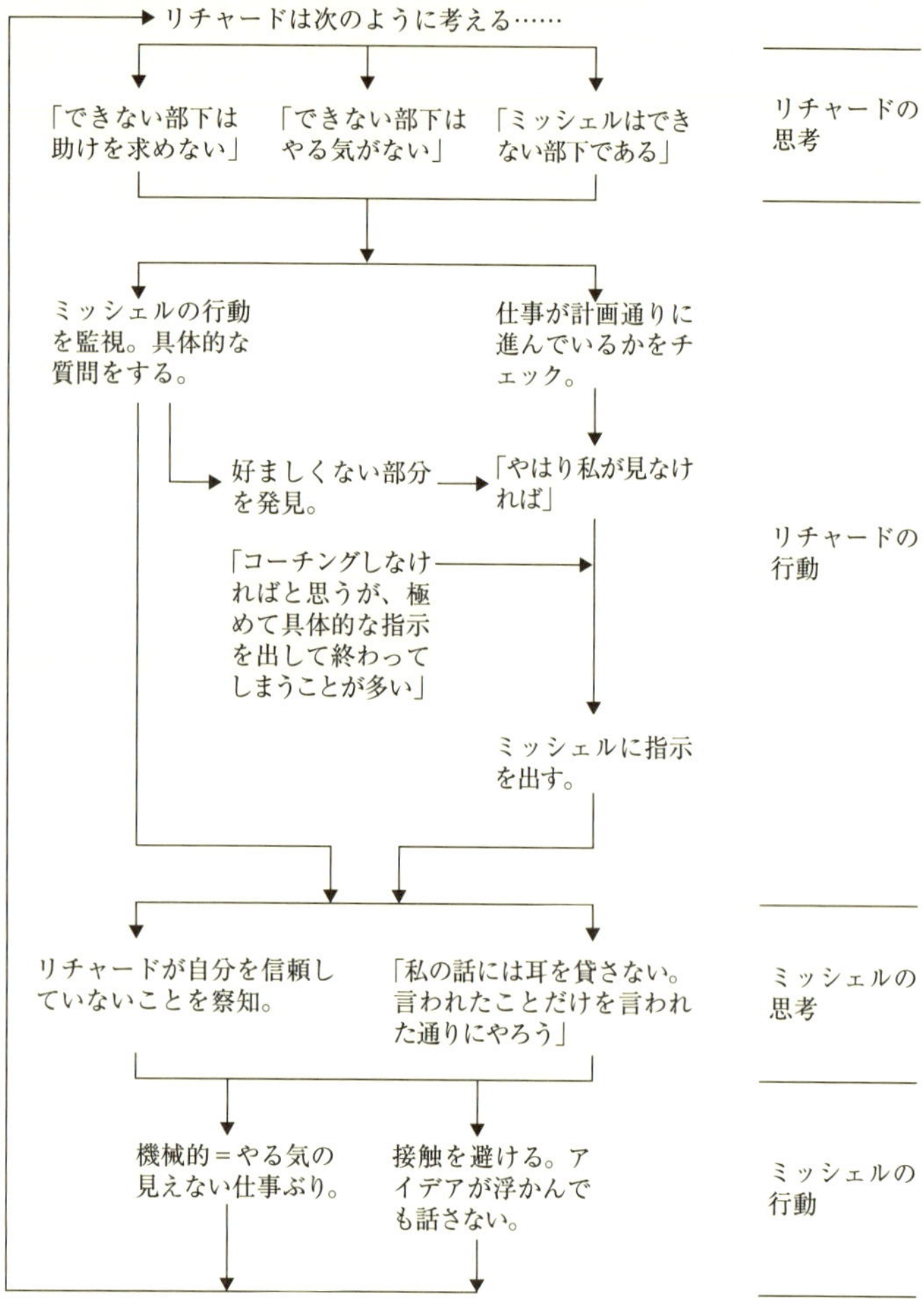
リチャードは次のように考える……

「できない部下は助けを求めない」

「できない部下はやる気がない」

「ミッシェルはできない部下である」

リチャードの思考
ミッシェルの行動を監視。具体的な質問をする。

仕事が計画通りに進んでいるかをチェック。

好ましくない部分を発見。

「やはり私が見なければ」

「コーチングしなければと思うが、極めて具体的な指示を出して終わってしまうことが多い」

ミッシェルに指示を出す。

リチャードの行動
リチャードが自分を信頼していないことを察知。

「私の話には耳を貸さない。言われたことだけを言われた通りにやろう」

ミッシェルの思考
機械的＝やる気の見えない仕事ぶり。

接触を避ける。アイデアが浮かんでも話さない。

ミッシェルの行動

る限り隠しておくほうがいい。上司が知ったら、何もかも自分でやってしまう」との思いが強くなるだけだ。逆に、部下が過ちを恐れて自分の判断を完全に放棄し、あらゆることについて上司の確認を取ろうとすることもある。いずれにしても、「できない部下」からはやはり目が離せないという上司の認識は強められてしまう。

上司が口をはさむようになると、単に距離を置くのではなく、あれこれと言い訳を探し始める部下もいる。こちらのパターンにはまると、部下は過去の行動の適否をチェックするのに気を取られ、本来の仕事に集中できなくなる。バックミラーを見ながらクルマを運転するようなもので、いずれどこかにぶつかる危険性があるだろう。上司のほうも、「あいつはいつも適当な言い訳を用意している」と思い始め、部下の話を信用しなくなる。図3－2は、部下の失敗が着々と「おぜん立て」されていく様子をまとめたものである。

こうした状況になると、上司は監視の度合いを強めて部下の成績向上を目指したり、関係を修復しようとさらに努力するため、他の問題や活動への注意がおろそかになる。そういう状況に自分が置かれたことにも腹を立て、ますます怒りっぽくなる。「できない部下」はオドオドし、上司との接触をさらに避ける。上司は情報を引き出したりコーチングを施そうとしたりするが、「できない部下」へのいらだちを隠しきれない。かくして、両者の関係は際限なく悪化していく。

簡単には断ち切れない魔の連鎖

どの部下も同じペースで上司から離れていくわけではない。上司の不信を感じ取ってもやる気を失

図 3-2　もがけばもがくほど事態は悪化

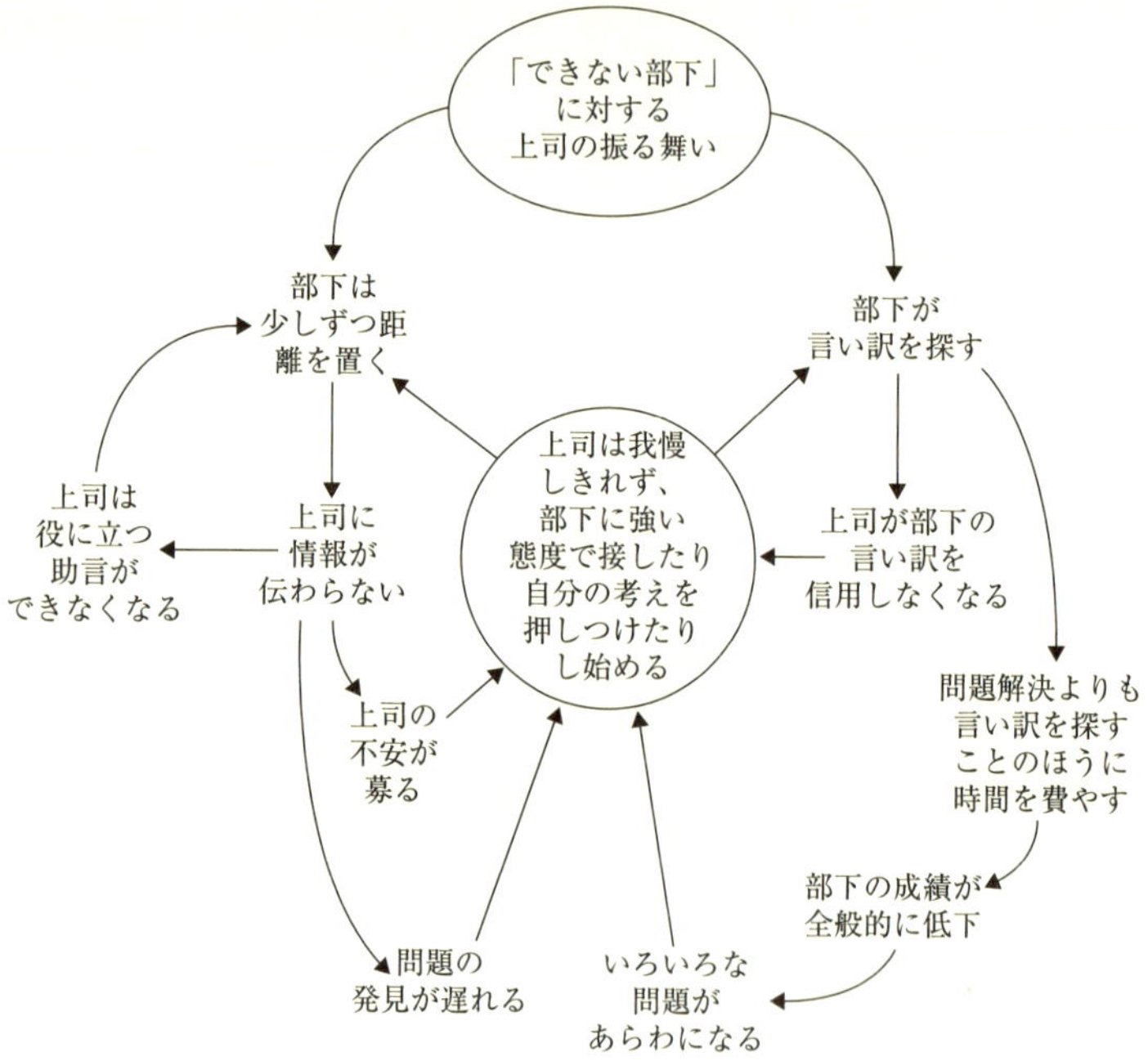
「できない部下」
に対する
上司の振る舞い
部下は
少しずつ距
離を置く
部下が
言い訳を探す
上司は我慢
しきれず、
部下に強い
態度で接したり
自分の考えを
押しつけたり
し始める
上司は
役に立つ
助言が
できなくなる
上司に
情報が
伝わらない
上司が部下の
言い訳を
信用しなくなる
上司の
不安が
募る
問題解決よりも
言い訳を探す
ことのほうに
時間を費やす
部下の成績が
全般的に低下
問題の
発見が遅れる
いろいろな
問題が
あらわになる

わず、責任の重い仕事を引き受けたり、自分の部下を励まし続けたりする中間管理職もいる。だが、彼らの努力が報われる可能性は小さい。次の三つの理由により、外集団から抜け出すのは容易ではないからだ。

①やる気を保つのは難しい

外集団に入ってしまうと簡単な仕事しか回ってこなくなり、上司の指示も具体的になる。この状況で上司をうならせる良い仕事をするのは容易でないが、それ以上に、やる気を保つのが難しくなる。上司は、部下を自己満足に陥らせてはいけないと考え、多少のことではほめなくなるからだ。

②つい無理をしてしまう

上司の印象を良くしようと無理をする部下もいる。といっても、意識的にやるわけではない。大局的な情報が入手できず、独力で仕事を進めた経験も乏しいため、いつもより少しずつ頑張っているうちに仕事を抱えすぎてしまうのだ。

ただ、意識的に無理をする部下もいないわけではない。上司の評価が間違っていることを証明し、鼻を明かしてやろうと手に余る仕事に取り組むパターンだ。

やる気も能力もあることを示すために、やたらに高い目標を設定する部下もいる。締め切りより三週間早く仕上げるとか、六つのプロジェクトを同時進行させるといった具合だ。しかし、この作戦は失敗に終わり、「仕事もできないし、現実的な目標設定もできない」という印象を上司に与えてしまう可能性が高い。

③戦い続けるのはしんどい

見返してやろうという努力には、かなり固い決意が必要だ。またその決意は攻撃的で挑発的だと理解されることも多い。自説を強く主張する、アドバイスや指導をそれとなく無視する、公の場で上司に反抗するといった行動を伴うのが普通であるためだ。上司はこれを不快に思うだろうし、仕事上の意見対立はあっという間に個人的ないさかいに発展しうる。したがって人間関係の視点から見ると、このような努力はつらいものになる恐れがあろう。

上司の中には、部下が達成不可能な目標を掲げたり、あちこちのプロジェクトに顔を突っ込んだり、臆することなく反論してきたりする姿を見て、「非合理的だ」と叱る人がいる。ただ、これには意外に合理的な面もある。「セルフハンディキャップ」と呼ばれる行為の研究によれば、人は何かを始めるときにわざと障害を設けておくことが多い。そうすれば失敗しても言い訳ができ、うまくいけばその分高い評価を期待できるからだ。たとえば大事な試験が始まる前に「準備なんてしてない」とか「ゆうべは徹夜で遊んだからな」と言いふらした経験はないだろうか。このように「予防線を張る」行為もセルフハンディキャップの一種である。

こうした落とし穴にもかかわらず、戦い続ける部下は確かにいる。悪循環からの脱出に成功した人もいる。しかし、上司の外集団から内集団へと一気に移った例はほとんどない。

銀行幹部のポーラは、ある事業の方針をめぐって上司や同僚と対立していた。だが外部のコンサルタントが支持してくれたので、自分の方針をこっそり貫いた。そして数ヵ月後にポーラの判断が正しかったことが判明し、上司や同僚は銀行を辞めざるを得なくなった。

不屈の精神を発揮した大勝利ではあるが、この戦略は非常にリスクが大きい。自分の実力を正しく判定し、ここを追い出されてもどこかで雇ってもらえるはずだという強い自信がなければ、とても実行できるものではない。

また、この種の試みを成功させることができるのは、上司と距離を置いても成績を維持できる部下であるようだ。自分に及ぶダメージを最小限に抑え、悪循環に飲み込まれないよう気をつける。とにかく時間を稼ぎ、こらえきれなくなる前に新しい上司が新風を吹き込んでくれるのを待つといったことができる部下である。成績を維持できなかったり、上司との関係が険悪になってしまった部下では、成功の可能性はかなり小さくなるだろう。

その意味では、部下にとっては「逃げる」ことも選択肢のひとつになりうる。抵抗することでかえって状況が悪化する可能性は小さくないため、どちらかと言えば、逃げるほうが理に適っている場合もあるだろう。「逃げる」方法はいくつかある。上司と距離を置くのもそのひとつであり、自分を評価してくれる部署への配置転換や転職もそのひとつだ。

しかし、本当は能力のある「できない部下」が全員逃げるかというとそうではない。なぜなら、時間が経つにつれて部下は新しい「現実」に慣れ、上司に冷たくされても我慢するようになるからだ。

上司の行動はすぐには変わらない。少しずつ、じわじわと変わっていく。わずか一日で変わるのであれば、部下がこれを受け入れることはできないが、少しずつならある程度慣れてしまう。また、不愉快な思いをする時間がそれだけ長くなるため、抵抗するのも難しくなる。そうやって上司の新しい行動と共存する道を選ぶ部下もいるのである。

恐れていたことが現実に

本章では、部下が「できない」のは上司の行動のためでもあること、そして多くの有能なマネジャーはそのことに気づいておらず、事態を悪化させる一方であることを述べた。またその最大の理由として、上司が望んでいない、いや恐れている行動を「できない部下」が取ることを指摘した。上司の予想と部下の示す行動が見事に一致することで、上司の疑念が確信に変わり、自分にも責任があるとは考えなくなることも論じた。

また、上司は自分の期待や行動が部下のやる気に及ぼす影響を過小評価していること、「できない部下」に対する接し方が部下の反応をいかに抑制しているかについてもあまり理解していないことなども論じた。上司から十分な権限を委譲されていない部下は、自分の部下にも権限を委譲できないこともあわせて指摘した。

本章で紹介した悪循環がどれぐらい速く、そしてどの程度まで進行するかは場合によって異なる。上司と部下の間がギクシャクしても、その関係がすぐに破綻するわけではない。しばらく我慢する部下もいれば、抵抗を試みる部下もいる。

しかし、「できない部下」たちが数々の困難に直面していることを、私たちはここで再度強調しておきたい。「できない」という烙印を一度でも上司に押されてしまうと、部下がこれに抵抗する能力は大幅に、それもあっという間に低下する。しかも、この力はいったん低下すると簡単には戻らない。

では、どうすればよいのか。悪循環を断ち切る方法をすぐにでも紹介したいところだが、その前に、その特徴とメカニズムを完璧に把握しておく必要がある。第4章と第5章では、上司と部下が持つバイアスが「失敗おぜん立て症候群」を悪化させる様子を詳しくみることにしたい。

第4章

上司は色メガネで部下を見る

人間は物事をありのままには見ない。自分に都合の良いように見ようとするものだ。

アナイス・ニン（作家）

英国のある哲学者はこう言った。「人は何らかの意見を持つと、その裏付けになりそうなものを大事にする。自分の意見に合わないものは無視したり軽視したりする。そうすることで、自分の意見を普遍的な真理であるかのように主張することが可能になる」

社会心理学の最近の成果を先取りしたような、切れ味の鋭い分析だ。しかし、この言葉の主はなんとフランシス・ベーコン。四〇〇年近く前に活躍した、あのベーコンである。人間はまず何らかの判断を下し、その後で裏付けとなる材料を探すという考え方は、けっして新しくないことがわかるだろう。

だが、これほど昔からわかっていながら、人はなぜこうした偏見（バイアス）に惑わされやすいのだろうか。本章では主にこの点を論じてみたい。

「失敗おぜん立て症候群」に冒されたマネジャーは、自分が部下の成績悪化に加担しているとは夢にも思わない。だが奇妙なことに、他人が部下の成績悪化に加担している様子はよくわかる。友人が子供を甘やかしていたり、同僚が部下を監視しすぎたりしていればすぐに気づくのだ。このことは、症候群が単なる自己成就的なメカニズムではないことを示唆している。

「できない部下」というレッテルを貼られた従業員には自己強化的で苛酷な結果がもたらされる――このことは第3章で論じたが、私たちは当初、成績不振など具体的な問題がまずあり、それが引き金となってレッテルが貼られると考えていた。その後の上司の対応に不適切な面もあるだろうが、そもそものきっかけは部下の側にあると考えていた。

ところが、上司と部下の関係がどこから悪化したかを丹念に調べたところ、意外なことが二つ判明した。ひとつは、成績に関係する具体的な問題がきっかけになったケースもあるが、そうした問題は解決可能であること。もうひとつは、この部下には問題があると上司が「一方的に決めつけて」問題を「作りだした」ケースが少なくないことだった。つまり、部下は上司によって失敗というクモの巣に導かれ、どんなに頑張っても抜け出せない状態に陥っていたことになる。

マネジャーがレッテルを貼る理由

これまで論じた問題の大半は「レッテル」を貼ること、つまり部下を内集団と外集団に分けることに関係している。マネジャーの仕事は部下の能力をできるだけ引き出すことであり、レッテルを貼ることはそれに反するように思えるが、それでもレッテルが貼られるのはなぜなのだろう。

基本的に、人間はレッテルを貼る動物である。家族や友人、知人はもちろん、通りがかりの「変な人」まで分類し、レッテルを貼っている。進化心理学という学問によれば、人間が石器時代を生き延びて進化したのは分類する能力があったおかげだという。私たちの祖先は自然環境や仲間に関する情報を整理する能力を鍛え、一種の本能にしてしまった。したがって、レッテルを貼りたくないのならそう意識して努力しなければならないそうだ。

この説を受け入れるかどうかはさておき、レッテルはたしかに便利である。物事を解釈したり人と対話したりするときの参考になるため、これを使えば迅速かつ効率的に行動できるようになる。大量の情報があふれる職場のマネジャーなら、その利点がよくわかるだろう。レッテルがあれば、どの仕事を誰に任せるべきか、どんな情報に基づいて行動すればよいか、誰に注意すればよいかなどをすぐに把握し、対処できる。レッテルを貼る能力に長けテキパキと行動できるからこそマネジャーに昇格できた面もあるだろう。

つまり、マネジャーがレッテルを貼るのは、それが便利だからである。時間が節約でき、複雑な問題を考えるゆとりができるからである。

では、どんどんレッテルを貼ればよいかと言えば、やはりそうではない。レッテルは意外に不正確で、部下の成績や潜在能力を示す指標としてはあてにならないからだ。

早計な判断

レッテルが不正確ではないかと考える第一の理由は、レッテルを貼る速度にある。

セミナーに集まったマネジャーたちに、「部下を適切に評価するにはどれぐらい時間がかかるか」と尋ねると、仕事の内容などを考慮したうえで長所と短所を正しく見極めるには数ヵ月かかるとの答えが返ってくる。だが中には、「一〇分もあれば十分」と答えるマネジャーもいる。どうやら、マネジャーたちはまず第一印象を持ち、これを何度かテストして最終的な評価や期待を形成しているようだ。

では、上司が部下にレッテルを貼るのは、最初に出会ってどれぐらいたってからなのだろう。新しくできた上司と部下の関係を一ヵ月間隔で追いかけたある研究によれば、二ヵ月目には内集団と外集団の分類ができあがっていた。これを見る限りでは、「一ヵ月もあれば十分」であるようだ。

ところが、間隔をさらに短くして調査したところ、上司は一緒に仕事をするようになってから五日後にはある程度の評価を済ませたらしく、その評価で六週間後の部下との関係をかなり正確に予測することができたという。

もし上司がわずか一週間で部下を分類するとしたら、一人ひとりの成績をちゃんと考慮しているかどうか、少し疑わしくなってくる。そのうえ、その分類がその後の評価に大きな影響を及ぼすとなれば、不安を覚えないわけにはいかない。

ある研究者は、マネジャーを二グループに分けてそれぞれに次のような質問をした。

①半年後のプライムレート（最優遇貸出金利）はX％より高いと思うか、それとも低いと思うか。
②半年後のプライムレートは何％だと予想するか。

第一グループではX％を「八％」とし、第二グループでは「一四％」として質問した（なお、この研究が行われた一九八三年当時、実際のプライムレートは一一％前後だった）。二番目の質問については、第一グループの答えの平均値が一〇・五％、第二グループの平均値が一一・二％となり、〇・七％の差がついた。

シンプルなテストだが、この回答からはマネジャーが「八％」や「一四％」といったいい加減な数字に引きずられた様子がうかがえる。このように、最初に得た情報に過大なウエイトを与えてしまう傾向を、心理学では「アンカリング」（固着性）と呼んでいる。船の錨《いかり》のような基点になるという意味だ。

上司と部下の関係では、新しい部下についてのちょっとしたうわさ話がアンカリングを引き起こすことがある。たとえば、読者の率いるAチームにBチームから部下が一名移ってくるとしよう。そのとき、Bチームのリーダーから「よろしく頼むよ」と意味ありげに言われたら、読者は何を考えるだろうか。おそらく良い印象を持たないだろうし、その印象ゆえにこの部下を見る目が変わる恐れもあるだろう。

成績よりも態度を重視

上司が部下に初めてレッテルを貼るとき、部下の成績はどの程度考慮されているか。私たちはこの答えを見つけるために、「部下に対する信頼が揺らぐのはどんなときか」という質問を多数のマネジャーにぶつけた。重要な顧客を失ったときとか、目標を達成できなかったときといった答えを予想したが、集まった答えは次のようなものだった。

- 忠誠心が乏しい……以前の上司の悪口を言う。現在の上司を無視して仕事を進める。
- 不満を言う……自分の部下や、自分の出世が遅れていることに不満を漏らす。
- 悲観的な態度……「コップには水が半分もある」ではなく「半分しか入っていない」と考える。
- やる気がない……「こうしたい」という気持ちが伝わってこない。
- 自信がない……話をするときオドオドしている。
- 鈍感……人の話を聞いていない。その場の空気を読めない。不文律を感じ取れない。
- 知ったかぶりをする……自分に知識や情報がないことを認めたがらない。頼みもしないのにアドバイスする。
- 上司の時間を大事にしない……上司に何をどう知らせるべきかに考えが及ばない。
- 職場で政治的な駆け引きをする……電子メールの送り方などから、そういう傾向が露骨に見える。
- 外的な動機付けが必要……仕事の内容や責任とその報酬の比較に熱心。
- 頑張りすぎる……自分を良く見せよう、好かれよう、スキルがあるところを見せようという気持ちが強すぎる。

驚いたことに、部下の成績に関係する答えは非常に少なかった。上司はもっぱら部下の態度に着目していたのである。たしかに態度が成績に影響することもあるだろうが、仕事をこなす能力と態度が密接に関連しているとは限らない。また成績に言及した上司の答えも、どちらかと言えば感覚的な部分に集中していた。

この傾向は、他の研究者からも報告されている。一例として、コールセンターの従業員とその上司を対象に行われた研究を紹介しよう。

研究者はまず、各従業員が問い合わせの電話を何本受け、苦情を何件コンピューターに入力したかを半年間計測した。そして週あたりの処理件数の平均値を計算し、上司の主観的な評価と照らし合わせた。その結果、処理件数が多い人ほど上司に認められて内集団に入るかというとそうではなく、どちらかと言えば上司の主観的な判断によって決まっていることがわかった。客観的なデータはあまり重視されていなかったのだ。

別の研究者は、ある小売店で次のような調査を試みた。まず、第二四半期の売上目標が発表されるのにあわせ、各販売員に「目標に挑む気持ちがあるか」「自分は上司に気に入られていると思うか」という二つの質問をした。もちろん、各販売員がどう答えたかは誰にも教えないと約束した。そして三ヵ月後に、そのデータと各販売員の売上実績を突き合わせた。

最も成績が良かったのは予想通り、やる気があると答えた内集団の従業員だった。ところが、最も成績が悪かったのは、やる気のない内集団の従業員だった。外集団の従業員の成績は、やる気のあるグループもないグループも平均値に近かった。

これを見る限り、内集団の従業員は成績が悪くても（外集団の従業員であれば許されないような成績でも）やっていけるようである。また外集団の従業員は、やる気があっても高い成績を収めることができないとみてよさそうだ。

つまり、上司が部下を評価するときに「部下の客観的な成績」は間違いなく考慮されるものの、その重みは必ずしも一定ではないようである。実際、どの従業員が外集団に入るかを推測するときには、成績以外の要素に着目したほうが正解する確率が高くなる。

たとえば、「ウマが合う」とか「しっくりくる」といった要素は、上司たちが認める以上に大きな役割を果たしている。「一〇年前の自分に似ている」「ものの見方が近い」「波長が合う」といった条件を満たす部下が上司に好かれやすいという研究報告もある。

そもそも成績という概念は多面的で、判定する人によって大きくぶれる。「できる」という判定があっという間に覆り、「できない」というレッテルが貼られることもある。ただ、そのこと自体は必ずしも問題ではない。問題なのは、いったん貼られたレッテルがなかなか貼り替えられないこと。上司が部下に間違ったレッテルを貼ると、それがいつまでも残ってしまうことである。

長期間居座る「第一印象」

レッテルがなかなか貼り替えられないことは、上司と部下の関係を長期間観察した他の研究者も認めている。ある研究者によれば、新しい上司と部下の関係を三ヵ月おきにチェックしたところ、二ヵ月目の初めに固まった内集団と外集団の顔ぶれは一年間ほとんど変わらなかったという。いったん外集団に入ってしまうと、内集団に移るのはかなり大変なようである。

なぜそうなってしまうのか。理由としてまず思い浮かぶのは、上司が自分の判断を信頼しすぎていることである。この自信過剰という現象について、臨床心理士と心理学を学ぶ学生たちの参加を得て行われた実験を見てみよう。

研究者はまず、参加者たちに「思春期不適応」を経験した三〇歳男性について考えるよう依頼。ケーススタディ（事例研究）を四分割して手渡し、一定の間隔を置きながら順番通りに読ませた。参加者は各部の資料を読んだ後でテストに臨み、自分の答えに対する自信の強さを回答用紙に書き加えた。第一部を読み終えた直後のテストでは、正答率が二六％あり、「自信がある」という答えが全体の三三％を占めた。参加者たちはこの時点で、自分が正解を書いたかどうかかなり正確に予想していたと言えよう。

ところが、テストを繰り返すたびにこの差は開いていった。第四部を終えた後のテストでは、五三％の参加者が「自信がある」と記していたが、実際の正答率は二八％にとどまっていた。

同様な実験は石油会社や化学会社、資産運用会社などでも行われたが、やはり自信過剰の傾向が確認された。また、自分や他人が取る行動の予測についてはかなりの自信過剰が観察されるとか、ストレスの多い環境では自信過剰の度合いが強まるといった興味深い結果が得られている。

自信過剰は文化や職業の違いに関係なく生じるが、マネジャーはこの現象に陥りやすいかもしれない。実際、過剰なほどの自信がなければこの仕事は務まらないと言い切る企業幹部もいた。

しかし、自信過剰で最も問題なのは、自分の判断と矛盾する情報に接してもそれに気づかないこと。そして、そういう情報を自分から探そうとしないことである。

どんどん深まる思い込み

私たちは時々、部下の肩を持ちすぎるとの批判を受ける。たしかに、「できない部下」には決まり切った仕事しか回ってこないかもしれないが、それでも成功するチャンスはある。締め切りよりも早く仕事を仕上げたり、目標以上の成果をあげればよい。部下にとっては耳の痛い話になるかもしれないが、上司だって頼まれればアドバイスを与える用意がある……という具合である。

しかし、話はそう簡単ではない。「できない」とみなされてしまった部下がそのレッテルをはがすためには、まず自信をなくさないよう踏みとどまらねばならない。次に、第3章で述べたように、上司の鼻を明かすために無理をしたくなる誘惑を抑えなければならない。そのうえで、目に見える成績向上を成し遂げなければならないのだ。

しかも、この三つをクリアしても上司の見方が変わるとは限らない。数多くの研究が示唆するように、上司が何を見てどう考えるかは、その部下が誰であるかによってかなり異なる。

心理学者はこの傾向を「確証バイアス」と呼んでいる。例をあげよう。ある研究者が人を集め、死刑賛成論者と反対論者の二グループに分けた。そして両グループに二冊の報告書を読ませた。ひとつは死刑賛成を論じたもの。もうひとつは死刑反対の立場から書かれたものである。

自分の意見とは正反対の報告書を読めば多少は考えが揺らぐ、あるいは違う視点を受け入れるようになると読者は考えるかもしれない。ところが、賛成論者も反対論者も、報告書を読んだことで「やっぱり自分が正しい」と自信を深めた。人は一度決心したら、それに反することには目を向けないのである。

したがって、「できない部下」がそのレッテルから逃れるには、三つの関門をクリアしなければならない。まず上司の目にとまり、上司の認識を改めさせ、そのうえでその新しい認識を記憶させる必要があるのだ。

上司の歪んだ観察眼

「できない部下」の行く手を阻む第一の関門は、上司の「選択的観察」である。「できない部下」が優れた成績をあげても、上司はこれになかなか気づかない。「できない部下」は失敗するものだと思い込んでおり、それを裏付ける失敗例ばかり探しているからだ。その意味でレッテルは、レッテルの内容と異なる情報を途中で取り除くフィルターのようなものだと言える。

ある研究者がこんな実験を行った。学生が集まっている教室に入り、「講師を替えると学生がどう反応するかを見たいので」今日だけはいつもと違う講師に講義してもらうと告げる。そして、その講師の略歴を書いた紙を配る。そこには年齢や業績に加え、「知人の間では勤勉で意志が強く、○○な人物として通っている」と記してあった。ただ、配られた紙の半分には「少し冷ややか」と書かれており、残る半分には「とても温厚」と書かれてある。

講義が終わった後にアンケートを取った。すると、「とても温厚」と書かれた紙をもらった学生は、「少し冷ややか」と書かれた紙をもらった学生よりも、この講師にかなり高い評価を与えていた。「オープンで思いやりがある」というのがその理由だった。

これは非常に興味深い実験結果である。「○○な人物」という部分を変えるだけで学生の期待が変わり、二〇分間の講義の後の印象にもそれが大きく影響したことになるからだ。といっても、学生たちは現実を見ていないわけではない。あいまいな現実を違う角度から見たにすぎないのである。

職場でマネジャーが得る情報は断片的だ。自分で直接見た様子や他人から聞いた話、資料に印刷された数字など、入手経路もさまざまだ。プレッシャーにさらされていることも考え合わせれば、マネジャーが選択的観察のワナに陥る可能性は、こうした実験などよりもはるかに高いと言えるだろう。

正当に評価してもらえない部下

「できない部下」が優れた成果を収めたことに上司が気づいても、これをすぐ正当に評価するとは限らない。上司は無意識のうちに（意識的な場合もあるが）、その成果の何%が部下の能力によるものか推し量ろうとするからだ。つまり、すべてを本人の努力の結果だと速断せず、他の要因が働いていたのではないかと考えるのである。

一般に、出来事や行動の原因を推察してその結果と結びつけることを「帰属させる」という。人の行動で言えば、その人の安定的な特徴（たとえば性格や能力）かそのときの具体的な状況と結びつけることになる。

ただ、この過程では偏りが生じやすく、心理学ではこれを「帰属バイアス」と呼んでいる。その中で最も有名なのは「基本的帰属エラー」だろう。人間（とりわけ西洋人）は、他人の行動の理由を考えるときに当事者の性格や心構えなど内的な要因を過大評価し、周囲の状況など外的な要因を軽視する。外的な要因でほぼ一〇〇%説明できる場合でもそうすることがある。

ところが、自分自身の行動の理由を考えるときはその逆で、周囲の状況など外的な要因を過大評価しがちだ。この傾向は「行為者－観察者バイアス」と呼ばれており、企業幹部の間でもよく見受けられる。

「人間は一般に変化に抵抗するものだが、それはなぜだと思うか」。私たちがセミナーに集まった企業幹部たちにそう聞くと、未知なるものへの不安、新しい人間関係に対する恐怖、惰性といった答えが返ってくる。どちらかと言えばよくないものばかりだ。

次に、「自分自身は変化に抵抗したことがあるか」と聞くと、大半の幹部はあると答える。ところがその理由を尋ねると、先ほどとはまったく違う答えが次々に出てくる。「計画がお粗末だった」「他の部署に迷惑がかかる内容だった」「それを適切に行うだけの資源や訓練が不足していた」という具合だ。要するに、「慎重に検討した結果、現状では変化は好ましくないという結論に達した」というのである。

他人については感情や感覚に根ざした内的要因を並べ、自分については周囲の状況や合理性を前面に出した外的要因を並べる。典型的な「行為者－観察者バイアス」である。

さらに、「行動の理由」ではなく「結果の理由」を考えるときには、結果が成功だったときと失敗だったときとで帰属の仕方が変わることがある。成功したときには自分が頑張ったからだと判断するが、失敗したときには周囲の状況や他人のせいにするという、おなじみの傾向だ。心理学ではこれを「自己奉仕的バイアス」と呼んでいる。

興味深いのは、この「自己奉仕的バイアスは自分が属する内集団全体に及ぶ」ことだろう。たとえば、自分の贔屓《ひいき》の野球チームが勝ったときには「才能ある選手が頑張ったから勝ったのだ」と考え、相手チームが勝ったときには「こちらは消耗していたし、彼らはツイていた。審判も彼らに味方した」などと思ったことはないだろうか。これは贔屓チームを内集団、相手チームを外集団とみなすことで生じるバイアスである。

この現象は職場でも見受けられる。ある研究者は複数の上司に対し、頼りになる部下一名（内集団の代表者となる。以下「部下A」）と、ほとんどあてにしていない部下一名（外集団の代表者。部下B）をそれぞれあげてもらった。次に、部下Aが見事にこなした仕事とうまくできなかった仕事、部下Bが見事にこなした仕事とうまくできなかった仕事をそれぞれひとつずつ思い浮かべてもらった。

そして、計四つの仕事がそういう結果になった理由を考えてもらった。すると、部下Aが見事にこなした仕事については当人の努力や能力が評価されたが、部下Bではそれほどでもなかった。また部下Bがうまくできなかった仕事については、努力不足や能力不足をあげる上司が多かった。

つまり、上司は「できる部下」が仕事を首尾良くこなすと「優れた判断だった」とか「能力がある」と考え、失敗すると「運が悪かった」とか「他の部署から協力を得られなかった」などと考える。ところが「できない部下」が成果をあげても「目標が低すぎた」とか「オレのアドバイスに従ったからだ」とか「誰が手伝ったんだろう？」としか考えない。そして失敗すれば、「またあいつか！」と怒ったり「毎度のこと」と達観してみせたりする。要するに、まったく逆の見方をしてしまうのだ。

読者の部下のひとりが、同僚や読者の仕事を手伝おうと申し出ることが最近になって多くなったと仮定しよう。読者はこれをどう解釈するだろうか。部下は報われることなど期待せず、組織のために奉仕しているとみるだろうか。それとも、単なるご機嫌取りだとみるだろうか。おそらくその答えは、読者がこの部下を「できる」とみているか、あるいは「できない」とみているかによって変わってくる。

同様に、読者の部下のひとりがフィードバックを盛んに求めてくるとしよう。これは仕事の質を向上させたいという気持ちの表れだろうか。自分の仕事に自信が持てず不安だから確かめたいのだろうか。それとも、単に高い評価を得るための策略だろうか。この解釈もやはり、部下が誰であるかによって異なってくるだろう。

いずれのケースも、問題は本人の動機が外からは見えないことにある。上司は部下の行動の様子から本気なのか、それとも見せかけだけなのかを推測しなければならない。

もっとも、実際はその両方であることが多い。プロジェクト・チームへの参加を願い出れば評価を高めることができるが、「命じられた以上のことをしなければならない」義務を負うこともちゃんと意識しているという意味である。また、いわゆる「模範社員」であっても、自分の行動を上司の好みにあわせて変えることがある。したがって、同じような行動を取っている二人の社員の片方が「模範社員」とされ、もう片方が「策を弄するできない社員」とみなされることもある（表4－1を参照）。

このように、同じ行動であってもその主体が誰であるかによって解釈が変わってしまいがちなのは、人間が他人の行動や容姿からその性格を無意識のうちに推察してしまうためである（「自動的特性推論」という）。たとえば、長時間働いている部下の話を聞いて「熱心なヤツだ」と思ったり「の

表 4-1　上司は相手によって見る目を変える

推測される動機

模範社員	**できない社員**
他の社員のためになることをして、組織が円滑に機能するようにする。	自分を良く見せ、実力以上の報酬や資源を得る。

		「模範社員」のための解釈	**「できない社員」のための解釈**
観察される行動	フィードバックを欲しがる	勉強する意欲の表れ。向上心。	自信のなさや不安感の表れ。あるいは、上司に気に入ってもらいたいという下心。
	上司をほめる	上司の役に立つフィードバック。	単なるお世辞。ご機嫌取り。
	同僚を手伝う 悩みを聞く	相手を思う気持ちの表れ。	自分に同調してくれる仲間を増やすための布石。
	不平不満を言わない	自己犠牲の精神。大きな目標を理解。	とりあえず周囲に自分をあわせる戦術。
	長時間働く	献身的。当事者意識。責任感の表れ。	仕事に優先順位をつけられない。仕事が遅い。同僚を怠け者に見せたい。
	難しい仕事を進んで引き受ける	強い責任感と義務感の表れ。	目立ちたい。己の実力を知らない。
	上司のお使いを引き受ける	上司の時間を尊重。	こびへつらっているだけ。
	人前で同僚に感謝する	無私無欲。チームを大事にする精神。	見せかけの謙虚さ。偽善。
	上司に同意する	良い判断。 有能な仲間。	ついてくるだけで役に立たない。 能力不足。

んびりしたヤツだな」と考えたりすることがこれにあたる。長時間働くという実際の行動よりも、そのてがかりになる特性の方が記憶しやすいために生じる現象だ。

上司の記憶は偏っている

同じ物事でも、解釈の仕方によって記憶しやすくなったりしにくくなったりすることは、誰しも経験しているだろう。たとえば、重要だと考えればしっかり覚えていられるし、そうでないと考えれば忘れてしまうものである。

クイズを出そう。「できない部下」が優れた提案を行い、上司が珍しくそれをほめた。さて、上司はこの出来事をいつまで覚えていられるだろうか。

残念ながら、上司はほどなく忘れてしまうだろう。優れた提案は「できない部下」のイメージにそぐわないものであり、重要でないと判断するからだ。頭の中にある概念に矛盾しない出来事はすんなり受け止められるが、そうでない出来事はなかなか記憶されないのである。

その意味で、「できない部下」が良い知らせを持ってきたときの対応は難しい。「できない」というレッテルにそぐわない出来事だからだ。最もよく見られるのは、単なる例外だとみなして無視することと。次によく見られるのは、判断をとりあえず「保留」し、同じことが繰り返されるか様子を見ることである。最も起こりにくいのは、その出来事を機にレッテルが貼り替えられることだ。上司がレッテルを貼り替えるためにはかなりの精神的なエネルギーが必要だが、多忙な上司にそんなゆとりはなかなかない。人は大量の情報を受け取ると、覚えやすいものしか覚えない。

仮に記憶されたとしても、それをそのまま思い出せるかどうかは疑問だ。人の脳はコンピューターではないので、記憶が消えることがある。他の記憶と混ざったり、後から入ってきた情報によって汚染されることもある。いわゆる「記憶の再構築」だ。

興味深い実験をひとつ紹介しよう。ある研究者が、いろいろな社会活動に関わる女性を主人公にした映画を実験の参加者に観せ、その主人公の職業は図書館員だと告げた。そして、「映画の中でどんな飲み物を飲んでいたか」と尋ねたところ、全員がワインだと答えた。実際にはビールを飲んでいたのだが、図書館員という職業のイメージにはワインのほうがあっていたからだ。また、同じ映画を別の参加者に観せ、主人公の職業はウエイトレスだと告げてから同じ質問をしたところ、こんどは全員がビールだと答えた。

偏見と戦う

上司と呼ばれる立場の人は全員、部下に対する見方が偏っているなどと言うつもりはない。大半の上司は、どの部下にもできるだけ公平に接しようとしているはずだ。ところが、バイアスはいつの間にか心の中に入り込んでくる。

上司には、自分が最初に貼り付けたレッテルに合った情報を優先的に処理する傾向がある。このため、「できる部下」と「できない部下」とでは異なる見方をしてしまう。同じ行動や結果でも、その理由については、行為者が誰であるかによって異なる解釈をしてしまう。

たとえば、優れた成果をあげても、それが「できない部下」であれば上司はなかなか記憶してくれない。単なる偶然とみなしたり、「オレの指導が良かったからだ」と勘違いしたりする。

したがって、「できない部下」が上司に自分の評価を改めてもらう、いや改めようかと思わせるためには、ヒットを何本も打ち続けなければならない。これでは部下が途中で無理をする可能性が高くなるし、あきらめてしまうこともありえよう。

本章では、上司のレッテルとバイアスが部下を正当に評価しない悪循環を引き起こし、加速させていることを論じた。悪循環の引き金を引いた責任は主に上司の側にあると私たちは考えるが、実は部下にもそれなりの責任がある。第５章ではこの点を考えてみよう。

第5章

部下が上司をダメにする

自分はダメだと落ち込んでしまうのは、自分はダメだと自ら認めているからだ。
エレノア・ルーズベルト（ルーズベルト元米大統領夫人）

私たちはこれまで「失敗おぜん立て症候群」について、もっぱら上司の責任に着目してきた。しかし、これが急激に進行するのは部下の責任でもある。

第5章では、部下の行動が症候群をいつの間にか悪化させていく仕組みを議論したい。部下は上司について否定的な第一印象を持つと、上司の行動を悪意に解釈したり、非協力的な態度で接したりし始める。すると上司のバイアスと部下のバイアスがからみあい、両者の関係はどんどん悪化していくのである。

上司にレッテルを貼る部下

レッテルは上司が部下に貼るものと思われがちだが、けっしてそればかりではない。実は部下の側も上司を評価し、色分けしている。

この点については、すでに数多くの研究がなされている。ある研究者は、第一印象に基づく上司の評価を部下たちに尋ねて回った。同じ価値観を持っているか、上司は組織の中で優れた成績を収めそうかといった角度から評価してもらった結果、出会った「最初の五日間」で部下による上司の評価はほぼ固まり、半年後の両者の関係を暗示させるものになっていたという。第4章で紹介した研究を鏡に映したような結果である。

上司が着任するときのうわさやちょっとした意見対立、上司の説明不足といったささいなことでも、部下は上司にマイナスの評価を与えることがある。とくに「自分は内集団ではないかもしれない」と感じている部下は、上司の資質を疑い始める。よそよそしい、思いやりに欠ける、自信もなさそうだ、自分勝手で下品だなどと考える。

前述したように、問題なのは、上司が何気なく取った行動に部下が何らかの意図を感じてしまうことだ。この「勘ぐり」が始まると、部下は上司の行動の理由を、周囲の状況ではなく上司個人に求め始める。そして行動の対象が自分であれば、自分だけが意地悪されたと感じるようになる。たとえば、銀行の窓口に出向いたときに対応が悪かったりすると、意地悪された気分になることがある。カウンターの向こうにいる担当者は忙しくてゆとりがないのだろうとは、あまり考えないものだ。

同じことが職場でも言える。時間がないために上司が部下と相談したり説明したりする手間を省くと、部下は「軽く見られた」と解釈しがちである。上司のごく些細なミスが、否定的なレッテルの引き金となるのだ。

自分は軽く見られたと部下が感じるとき、上司は何を考えてそういう行動を取ったのだろうか。私たちは、三つのパターンがあると考えている。

①そうするしかなかった

たまたま上司の手がふさがっており、そうするしかなかった。その部下は運悪くとばっちりを受けてしまった。

②深く考えずに行動した

上司は深く考えずに行動した。つまり、比較的良い考えをすぐ思いつき、それで問題なさそうだと判断した。意図して行動したことになるが、特定の人物に意地悪しようとしたわけではない。もし、何らかのマイナス面を感じていたとしたら、「何事にも多少の犠牲はつきものだ」と合理化したと考えられる。

③深く考えて行動した

上司は深く考え、一部の部下に悪影響が及びうることも承知のうえで行動した。あるいは、特定の部下に強いメッセージを送るために、わざとそうした可能性もある。

上司の行動の大部分はおそらく、白黒のはっきりしない二番目に分類されるだろう。ノーベル経済学賞を受賞したハーバート・サイモン博士の「限定合理性」の理論によれば、マネジャーは「それなりに良い解決策」が見つかったらそれで満足し、「最高の解決策」を見つける可能性を断念する。つまり、「適当なところで満足する」そうだ。

同じことは読者も経験済みだろう。たとえば、車を運転しながらラジオを聴くとき、どの局にダイヤルを合わせるべきかいつまでも検討したりはしない。すべての局の番組を一度に聴くことはできないから、適当にダイヤルを回して「これでいいや」と思える局が見つかったらそのまま聴き続けるはずだ。

山のような仕事と時間に追われるマネジャーであれば、「適当なところで満足する」ことは大きな意味を持つ。追加的な情報を得るコストは無視できないし、「考えうる限りで最高の行動」でも予測しがたい結果をもたらすことはあるからだ。あるマネジャーはいみじくもこう言った。「誤った理由で正しいことをする確率は、正しい理由で誤ったことをする確率とほぼ同じだ」。もしそうなら、ありとあらゆる可能性を検討したりせず、とりあえずやってみたほうがよいだろう。

ところが、部下はそうした事情をよく知らない。それどころか、上司はあらゆる可能性を徹底的に検討して決断したと買いかぶってしまうことが多い。何をどうすればどんな結果が生じるか、すべて把握していると思ってしまう。したがって、その決断ゆえに誰かが苦しんだり困ったりすると、上司はそれをあえて無視したか、わざとそうしたのだと結論づけてしまう。特定の部下を狙い打ちしたと解釈するのだ。

このように部下の勘ぐりが過ぎることがあるのは、おそらく上司の権限のせいだろう。自分には大した予算も裁量権もないが上司にはある、自分にはできないが上司ならできるはずだと考えるからだろう。上司も誰かの部下であることや、それなりの制約の下で仕事をしていることなどに思いが及ばないのである。

上司と部下の間にある認識のギャップが如実に表れた例を紹介しよう。ある中堅企業にCEOとして入社した人物は、自分が直接管理する範囲が非常に広いことに気がついた。これでは身体が持たないと考え、直属の部下一六名のうち八名については事業本部長経由で報告するよう命じた。

事実上降格となった八名の反応はまちまちだった。CEOと話をして渋々受け入れる者もいれば、自分を狙い打ちにした組織改革だとふてくされる者もいた。事業本部長と折り合いの悪かった部下は激怒し、命令から一時間と経たないうちに辞表を出した。

組織改革の影響をCEOが完全に読み切っていなかったことは間違いない。彼は、自分の負担を軽くするために「適当なところで満足する」決断を下したのだが、部下たちはそう解釈しなかった。「君の意見など必要ない」というメッセージだとか、自分たちを追い出す企みだと受け取ったのである。

八名の部下の反応の強さと速さは、部下が上司の行動をいかに細かく分析しているかを示している。すでに議論したように、部下は自分が他の部下と同じように扱われているかどうかを非常に気にする。やるべきことをやらなかった「不作為のミス」でも、やってはならないことをやった「作為のミス」と受け止める。

もちろん、この事例のように辞表提出に至ることはまれだろう。最もよく見られるのは失望したり、裏切られたと思ったり、自分だけが標的にされたと思い込んだりした部下が、上司にマイナス評価のレッテルを貼って仕事の手を抜き始めるパターンだ。しかし、このレッテルと手抜きがあれば、上司と部下が「失敗おぜん立て症候群」の悪循環に陥る条件はしっかり整う。

上司への偏見は強化される

上司が部下にレッテルを貼るように、部下も上司にレッテルを貼る。それも、ありもしない意図を勘ぐって上司を評価してしまうことが少なくない。ひとたびレッテルを貼ってしまえば、部下も上司と同じ「確証バイアス」の餌食だ。

たとえば、上司は融通がきかないと思っている部下は、上司が頑固な態度を示した場面は逃さず記憶するが、上司が柔軟な態度を示した場面は無視する。上司の行動を選択的に観察・記憶し、自分の判断に過剰な自信を持つ。

こうした選択的観察の傾向は誰にでもあるが、部下の場合はおそらく、次の二つの要素によってそれが強められている。ひとつは、上司が発するシグナルを受け止めようと、ふだんから警戒モードに入っていること。もうひとつは、自分が上司に貼ったレッテルを他の同僚との情報交換を通じて補強していく傾向があることだ。

警戒モード

第2章で紹介した通り、部下は上司の言葉や仕草からさまざまなシグナルを敏感に感じ取る。自分が他の部下と比較してどう見られているか、仕事ぶりをどう評価されているかを知るためだ。上司は部下よりも高い地位にあり、報酬や昇進、仕事の内容、場合によっては解雇の適否まで決める権限を持っているのだから、そうするのも当然だろう。

また、これはけっして悪いことではない。周囲の人々からのシグナルに気をつけるのは健全な適応のメカニズムのひとつであるし、そうしていれば脅威にも好機にも適切に反応できる。ところが、これが行き過ぎることがある。上司の何気ないコメントに過剰反応したり、上司の提案を重視しすぎたりするのだ。

部下は不安を覚えると、自分にとってマイナスなシグナルが出ていないかどうか、上司との会話をいつも以上にチェックし始める。外集団に属する部下であればとくにそうなる。そしてそういうシグナルを見つけ、「自分は不当な扱いを受けている」という第一印象が裏付けられると、厳重警戒モードと言うべき状態に入ってしまう。上司と交わした言葉を頭の中で繰り返したり、そのときの上司の表情や目つきを思い出したりして、自分への敵意が隠れていないかチェックするのだ。そして敵意がほんのちょっとでも見つかれば、上司は部下の面倒をしっかり見ていないと決めつける。上司がたまたま挨拶を返さなかっただけで、敵意の証拠とみなすことすらある。

同僚との情報交換

ある研究によれば、外集団の部下たちは、上司が見せる態度の違いについて内集団の部下よりも長い時間語り合っている。そうする気持ちはわからないではないが、この情報交換は上司に対するマイナスイメージをさらに強める要因になる。

たとえば、「自分は不当な扱いを受けている」と思う部下はそのことを同僚に話し、自分の勘違いでないことを確かめようとする。すると、同じ気持ちでいる同僚は、自分の見方を裏付ける話をしてくれる。「自分は不当に扱われていない」と思っている同僚も、愚痴をこぼされれば同情するしかなく、「それは勘違いではない」というシグナルを誤って送ってしまうことがある。この同僚が「考えすぎだよ」と仮に言えたとしても、この部下はそれを素直に聞き入れず、判断を先送りすることだろう。

そもそも、疑念を覚えた部下は同じく外集団に属する同僚を相談相手に選ぶことが多い。そしてこの同僚が「本当にそうだね」とでも言おうものなら、この部下は自分が正しいと確信してしまう。「できない部下」を監視する上司はその分だけ問題点を多く発見するが、「上司ウォッチング」に時間を割く部下もそうなる可能性が高い。不当な扱いを示唆するシグナルに敏感になるだけでなく、外集団に属する他の同僚と情報を交換しあい、つらい体験談を蓄積していくからだ。その結果、上司に対する評価はさらに偏ったものとなり、自分は虐げられているという感覚も強くなる。話を聞いてくれる仲間もいるので、上司をかばう同僚が現れても「そう思っているのは私だけじゃない」と突っぱねてしまう。

レッテルによって編集される記憶

レッテルを上司に貼り付けた部下は、これをレンズがわりにして上司の行動を解釈し始める。とくに外集団の部下は、上司があいまいな決断や行動を見せると不当な行為だと決めつけがちだ。

たしかに不当かもしれない。上司は「適当なところで満足する」とき、すべての可能性を考慮していないからだ。内集団の部下の実績や士気のことばかり考え、外集団の部下への配慮がおろそかになっている恐れはある。

内集団の部下なら、上司のミスによる悪影響を受けても、「これまでしっかりやってきたのだから」と上司を信頼し続けるかもしれない。だが、外集団の部下は容赦しない。ありもしない意図を勘ぐり、そのときの周囲の状況など考慮せず、上司の資質を問題にする。上司が業績目標や時間のプレッシャーにさらされていることなど無視し、ミスを犯したのは悪だくみや好き勝手な振る舞いをしている証拠だと糾弾するだろう。

表5－1は、上司の行動の解釈が部下によってかなり異なることを示している。第4章の表4－1と見比べれば、上司と同じパターンをたどっていることがわかるだろう。

外集団の部下は、自分に都合の悪い出来事にばかり着目したり、上司のあいまいな行動を悪意に解釈したりして、自分が貼り付けたレッテルが正しいことを確認する。また、上司の行動からありもしない意図を勘ぐったりする。

研究によれば、部下はそういう勘ぐりの結果を「ありそうなこと」として記憶するが、それがいつの間にか「実際にあったこと」という記憶になってしまうことがある。ただの推察が頭の中で事実に変わってしまうのだ。

ある研究者は実験の参加者に、日常生活を記録した四〇枚のスライドを見せた。食料品店での買い物とか、レストランでの食事といったごくありふれた風景を切り取り、時間の流れに沿ってまとめたものだ。

表 5-1　大きく異なる上司の行動の解釈

		内集団による解釈	外集団による解釈
上司の行動	批判的なフィードバック	部下の実力を伸ばそうと考えている。	文句を言っているだけ。卑劣。
	部下に相談なく決断する	直観力と決断力がある証拠。	独裁者。
	仕事のやり直しを命じる	期待度が高い証拠。野心的。	ささいなことにこだわる。寛容でない。
	高い目標を掲げる	野心的。	非現実的。
	同じ方針にこだわる	わき目を振らない。集中力がある。	頑迷。
	頼まないのにアドバイスする	目をかけてくれている。	部下を信頼していない。
	具体的な質問をする	コーチングを試みている。親身になってくれている。	細かく管理したがる。部下の力を値踏みしている。
	返事が遅い	忙しい。または熟慮している。	コミュニケーションが取りにくい。威張っている。
	人前で激怒する	情熱的。	せっかちで気まぐれ。
	改革案を拒む	現実的。互いに依存しあっていることを認識している。	無邪気な官僚気質。ものを知らない受け身な姿勢。
	手順の決まった仕事を与える	調子が戻るのを待ってくれている。気配りの表れ。	自分の能力開発を邪魔している。

この中には「結果スライド」と呼ばれるものが数枚収められていた。買い物のスライド集では、オレンジが床にたくさん転がっている様子を買い物客が見つめている写真が、レストランのスライド集では店員がテーブルにこぼれたワインを拭き取っている写真がこれにあたる。

研究者は四〇枚のスライドを見せた後、参加者がどのスライドを覚えているかテストした。ただし、テストの問題には、四〇枚のスライドには含まれなかった「ダミー・スライド」を混ぜた。客がオレンジの山に手をかけているシーンやグラスをつかみ損ねたシーンなど、「結果スライド」の原因になりそうな「原因スライド」を混ぜたのだ。

テストの結果を集計したところ、参加者は見ていないはずの原因スライドを「見た覚えがある」と答えていた。「結果スライド」から推察しただけのシーンを見たと思い込んだのである。

この実験結果が示唆するように、人間の記憶とは過去を「そっくりそのまま記録したもの」ではなく「編集したもの」である。このため、第三者には無関係だと思われる出来事でも、当事者にとっては関係があると受け止められることがある。それゆえ、単に「適当なところで満足する」ための決断も、高度な陰謀だと解釈されることがあるのだ。また、上司が部下を不当に差別しているところを見たいと思っている部下は、何かきっかけがあればそれを見たと考えるだろうし、きっかけがなくても見たという記憶を作りだしてしまう。

さらに、上司を快く思っていない部下たちは、当人を前にすると本心を隠しきれないことが多い。ここからは、部下たちの行動が上司との関係をさらに悪化させる様子を見てみよう。

火に油を注ぐ部下の行動

第3章で述べたように、部下たちは上司が恐れる行動を実際に取り、「失敗おぜん立て症候群」を図らずも悪化させている。とくに「できない」というレッテルを貼られた部下たちは、上司との接触を避ける傾向がある。アドバイスを求めるのをやめ、情報提供にも消極的になり、上司の猜疑心をかき立てる。

しかし、まったく接触しないわけにはいかない。会議には出なければならないし、上司から話しかけてくることもある。ここでは、そんなときに部下が見せる行動について考えてみよう。

私たちの研究によれば、部下は次に述べる五種類の行動を取ることが多い。意識しているときもそうでないときもあるが、いずれも症候群を進行させる行動だ。中には無謀と思えるものもあるが、不当な扱いを受けていると感じている部下にとっては理に適った行動である。

①フィードバックを軽視する

「できない部下」を見つけた上司は、なんとか成績を伸ばしてやろうとコーチングを試みる。といっても、部下から相談される前にあれこれ指示を出したり、部下の考えをろくに聞かずに細かな質問をしたりすることが多い。

これでは外集団の部下を動かすことなどできない。理由は主に二つある。第一に、外集団の部下は上司のアドバイスなど役に立たないと考えている。第3章で見た通り、外集団の部下は内集団の部下とは違って自主的に情報を提供しないし、仕事以外のことで上司と話す機会もほとんどない。そのため上司は、「できない部下」を思うように観察できず、気の利いた提案ができない。

第二に、部下は上司をアンフェアな人物だと思い込んでいる。そのため、注意されても自分に非があるとは考えず、「またいじめるつもりだ」と解釈する。問いつめるような口調であれば、ますますそう思うだろう。最近行われた研究によれば、次のような場合に部下は上司の注意は不当だと考えるそうだ。

- 手続きが不当：上司は関係のあるデータを十分集めておらず、部下の説明にも耳を貸さない。判断基準もころころ変わる。
- 自分の扱いが不当：部下を人間として尊重していない。不誠実、無礼である。

本書のこれまでの議論を思い出してもらえばわかるが、「できない部下」がこう思うのも無理はない。何しろ、上司は自分の貼ったレッテルに合致することしか認識しないし、記憶しない。部下を厳しく叱ることもあるし、部下の話を常にしっかり聞くわけでもない。

上司のアドバイスなど無意味だというつもりはない。ただ、フィードバックを受け止めようという部下の意識を低下させていることは否定できないだろう。もちろん、部下がフィードバックに従って行動する可能性も小さくなる。

ちなみに、フィードバックを受け止める姿勢に関するこの研究は米国と中国で行われ、全く同じパターンが両方の国で観察されている。右の指摘は、文化の違いに関係なく成立する見方だと言えよう。

一方、内集団の部下は上司の注意を建設的に受け止める。上司は自分の話に耳を傾けているし、尊重してくれていると感じているためだ。また、フィードバックの内容に注目し、追加説明を求めることもある。これなら、上司の注意がプラスの結果を生む可能性も高まるだろう。

②昔の問題を蒸し返す

正しい認識かどうかはさておき、「できない部下」は過去に何度も不当な扱いを受けたと思っていることが多い。

そういう思い出は誰しも持っており、許したり忘れたりはできなくとも少しずつそれを乗り越えるのが普通だろう。ただ、それには長い時間がかかるため、「できない部下」は昔の痛みを反芻《はんすう》してしまいがちだ。バカにされた、利用された、裏切られたといった感情があり、その証拠も豊富であれば、いつかその借りを返そうという気になってしまう。

実行の方法はさまざまだ。たとえば、自分がずっと気にしている問題を定期的に蒸し返すことがあげられる。過去を上司に思い出させたり、自分をこれ以上攻撃しないよう「警告」したりするためだ。たんにうっぷんを晴らすためにそうすることもある。上司との関係改善にはつながらないかもしれないが、少なくとも短期的には満足感を得られるからだ。どちらの手法でも、上司は気分を害する。「もう終わったことだ。何を今さら」と思うだろう。

陰で悪口を言うだけではおさまらず、人前で上司を罵ったり、極端な場合には暴力を振るったりすることもある。借りを返したいという気持ちは非常に強く、合理的な判断をも蹴散らしてしまう力を秘めている。

上司はこうした行動を、過去を蒸し返して現実から目をそらしているだけだと解釈する。したがって、部下の立場がこれで良くなることはまずない。

③上司に刃向かう

上司に嫌われた部下は「刃向かう」のが普通だ。上司の意見に公然と反対したり、仕事を頼まれても断ったりすることがそれにあたる。理由はいくつもある。第3章で論じたように、自分の成績を伸ばすことにこだわったり、上司の評価を改めさせたりするために反抗することもある。

上司の評価が改められる可能性が小さいときでも、あえて反旗を翻《ひるがえ》す部下もいる。あるマネジャーは、嫌いな上司がまだ席に着いていないのを知りながら、定刻にミーティングをスタートさせたときのことを私たちに話してくれた。上司は一〇分遅れで参加したが、ミーティングが終わって二人だけになったとき、「私がいないのにミーティングを始めるな！　とテーブルを何度も叩きながら怒鳴り散らしたんですよ」。それから、私の発言を途中でさえぎるな！　このマネジャーは、上司がイライラすることを承知で行動していたのである。

なぜそんなことをするのか。心理学の「リアクタンス理論」によれば、人は「××するな」と命令されると、自由を回復したいという欲求が生じ、××したい気持ちがかえって強くなる。外集団に分類された部下であれば、「自分の意見を聞いてもらえないことはわかっている。だからこそ言わずにはいられない」となるのだろう。

上司に対抗する姿勢が職場でのアイデンティティになることもある。優秀な部下が上司との衝突で勝利を収め、同僚の人気を得ることは珍しくない。内集団に入る望みを絶たれたために、「上司に刃向かえる唯一の人物」として外集団のヒーローになるわけだ。

だがこの役を自認してしまうと、上司が譲歩してきてもそれに応えられない恐れが生じる。上司の歩み寄りを受け入れれば「寝返った」と見られかねないからだ。

上司から見れば、こうした試みはやはり不快である。上司の邪魔をしているのだと解釈されることもありえよう。

④上司を挑発する

「上司に刃向かう」の延長線上にある行動だが、部下の動機は大きく異なる。上司を怒らせ、分別のない人物だという証拠を手に入れるのが最大の狙いだからだ。

その手法はいろいろある。見当違いなタイミングで何かを提案するのもそのひとつ。上司がその提案を受け入れるムードにないときを見計らって持ち出すのである。

こういう状況を扱った面白い一コマ漫画がある。場面は高層ビルの最上階にある企業幹部の執務室。大きな窓の外を見ると、携帯飛行マシンを片手に持った部下が浮かんでいる。部下はガラスを叩いて中にいる上司に声をかけるが、上司の反応はにべもない。「今はダメだ！　これから大事な会議なんだ。後にしてくれ」。漫画の作者が部下に同情していることは明らかだろう。部下が世紀の大発明をしたことに、この上司はまったく気づいてくれないからだ。

この逆もある。上司が簡単な連絡だけで済ませたいと思っている会議に、重要な議題を持ち込むパターンだ。また、人前で堂々と反論されることを極端に嫌う上司もいる。内集団の部下ならそうした性格は熟知しており、意見があれば人目につかない場所で話すだろう。しかし外集団の部下は、会話の機会が少ないこともあって上司の性格など知らないし、仮に知っていても挑発の場として会議を利用する。過去に何度も話し合い、上司が解決済みだと考えているテーマを持ち出すという手もある。

上司が必ず怒り出す「ツボ」を刺激する手もある。前任者と比較したり、上司がだらしないアンフェアな人物だと言外に匂わせたりするのだ。上司が油断していたりプレッシャーにさらされたりしているときなら、挑発して怒らせるのはさほど難しいことではない。成功すれば、仲間内での陰口の材料がまたひとつ増えることになる。

こうした行為は上司の不興を買うだけだが、部下は責任を上司に転嫁できる。上司を首尾よく怒らせることができれば、「どうしようもない上司」の下で働く「真面目で有能な従業員」といった自己イメージを守ることもできるだろう。

⑤上司の上司に直訴する

「できない部下」は、自分には利用できる予算も権限も少なく、アイデアを出しても上司に受け入れてもらえないと考えることが多い。そこで少しでも動きやすくするために、あるいは自分のアイデアを支持してもらうために、上司の上司に直訴することがある。自分の窮状を訴え、直属の上司に圧力をかけてもらうのだ。

追いつめられたと思っている部下であれば、仲間を募《つの》ったり社内の他のネットワークを利用したりするのも無理はない。最近は社内の地位や部署間の壁を越えたコミュニケーションを奨励する企業が増えており、こうした一種のロビイングもやりやすくなっている。CEOと一緒にコーヒーを飲む交流会や、直属の上司の上司と話をするスキップレベル・ミーティング、ゼネラル・エレクトリック社（GE）で行われている研修「ワークアウト」などがその一例だ。こうした機会を利用して社内に人脈を築けば、この種のロビイングは促進され、上司に容認される可能性も（少なくとも原則的には）高まるだろう。

ただ、私たちが面談した部下たちはまだ疑心暗鬼だった。直属の上司にばれれば報復されると考えているのだ。

実際、あるマネジャーは、部下が自分を出し抜こうとしているとの疑いを持っただけで、この部下が他のマネジャーと接触することを禁じ、最終的に会社から追い出してしまった。また別のマネジャーは、直属の上司の上司に不平不満をこぼしたところすべて筒抜けになってしまい、「直属の上司が辞意を固めるまで、私は生きた心地がしなかった」と語っている。

部下の行動が上司の判断や公正さに不信を示している限り、そして上司の評判に大きな傷を付ける恐れがある限り、右記のような上司の行動は理解できる。上司はこれを機に、この部下は頼りにならないし判断力もないという見方を強めるだろう。

ではなぜ、部下は上司を怒らせる危険を冒してまでこのような行動に出るのか。それは、上司の考えを変えさせることを諦めてしまったからだ。状況を打開するには外部の力を借りるしかないと考えたのである。

このように、部下は大きく分けて五種類の行動を取りうるが、なぜこれらが症候群を進行させると言えるのか。それは、上司が「やっぱり思った通りだ！」と感じ、部下に貼り付けたレッテルにあらためて自信を持つからだ。

表5－2は、「できない部下」に対する上司のバイアスをさらに強める五種類の行動をまとめたものである。

からみあう動機

議論をわかりやすくするために、「できない」とみなされた部下によく見られる行動を大きく五つに分けて説明したが、実際の行動はこのいくつかがセットになっていることが多い。

第3章で紹介したポーラの事例を振り返ってみよう。自説にこだわって上司と対立し、ついには上司を追い出してしまった銀行のマネジャーだ。ポーラは上司の指示に逆らうときに、次のような行動を組み合わせていた。

- 上司はフェアでなく、自分の邪魔をするだけだと考え、上司のフィードバックも「役に立たない」として無視した。

表 5-2　上司の思い込みに拍車をかける部下の行動

部下の行動	目的・意図	上司の観察	上司の解釈
フィードバックを軽視する	バイアスのかかったフィードバックだから実行したくない。自分の解決策の方が適切だ。	フィードバックに反応しない。「無視された」。	学習意欲がなく、頼りにならない。無礼であり、潜在能力も低い。
昔の問題を蒸し返す	借りを返す。あるいは単に「スカッとしたい」。	すんだことをなぜ今さら持ち出すのか、理解に苦しむ。	判断力に欠ける。精神的に未熟。
上司に刃向かう	自分の意見を聞いてもらいたい。仕事上の自由が欲しい。	誰にでも見境なく働きかける。愚かな抵抗。	判断力と自制心に欠ける。
上司を挑発する	自分の主張が正しいことを確認する。意見を押し通したい。	自分を侮辱した。対決姿勢。	判断力に欠ける。無礼。
上司の上司に直訴する	自分や自分のアイデアを支援してくれる人や、失敗したときに頼れる人を確保したい。	自分への裏切り行為。	自分への忠誠心がない。不誠実。

●上司の主張が誤りであることを証明したかったため、自分が解雇されるリスクを冒しながらも自説を曲げなかった。
●上司の上司と接触し、支援を仰いだ。この上司は、ポーラと同じ考えを持つコンサルタントを雇った責任者だった。
●上司には情報を流さず、気づかれないように自分のアイデアを推し進めた。気づかれれば反撃される恐れがあったが、実際に反撃されてもポーラは「上司はやっぱり自分の邪魔をする」としか思わなかっただろう。
●上司に反抗した期間が短かったため、ポーラが根深い恨みを抱くことはなく、復讐の機会をうかがうこともなかった。しかし、上司を「追い出した」ことで借りは返した格好になった。

ポーラは頭も切れたし忍耐強さもあったが、幸運でもあった。誰もが彼女のように運に恵まれるとは限らない。実際、破滅的な結末を招いてしまったケースもある。次に挙げる五項目は、外集団の部下が行動面と認知面で陥りやすいワナをまとめたものである。このような習慣のある部下は、自らの失敗をおぜん立てしていると言えるだろう。

●上司にチャンスを与えない：上司は無能でアンフェアで、部下のことなど顧みないと考え、上司の行動や決定をすべてその視点から解釈する。上司が和解の手を差し伸べてきても、無視するか反抗する。

・何もかも悪意に解釈する：過去に受けた仕打ちのために上司を信じられなくなり、何もかも悪く解釈する。

・問題ばかり持ち込む：良いニュースを持ち込まず、浅薄な解決策しか提示しない。

・あらゆる場面に首を突っ込む：特に関係のない分野でも、何かが悪い方向に向いていたら指摘せずにはいられない。そのため他人のケンカに巻き込まれ、評判を落としてしまう。

・同じ主張を繰り返す：不満ばかり口にするため、次第に周囲から相手にされなくなる。本人も、これ以上文句を言えば状況がかえって悪化することを承知しているが、止められず困ってしまう。

部下が引き金を引く場合

ここまでは、上司の振る舞いをきっかけに部下が非生産的な行動を見せる場合をもっぱら論じてきた。しかし、上司が他のマネジャーから部下を引き継ぐ場合も検討しておく必要があるだろう。部下が新しい上司になじめるかどうかは、それまでの上司との付き合い方にも影響される。もしそれまでの上司と折り合いが悪く、その記憶をきれいに捨てることができなければ、その部下は「失敗おぜん立て症候群」をさらに悪化させたり、新しい上司との間でも症候群の引き金を引いてしまったりする恐れがある。

前の上司と折り合いの悪かった部下たちは、新任の上司をすんなりとは迎え入れない。「本部から来た野暮な男」とか「現場を知らない」とか、「バリバリの幹部候補らしいが、どうせ俺たちを踏み台にするだけ」といったレッテルを早々に貼ってしまう。そして前任者が自分たちにした仕打ちを新任の上司も繰り返すのではないかと、先入観を持って監視する。

要するに、部下は前任の上司に与えたマイナス評価を新任の上司にもそのまま引き継ぐ。前任の上司とのいさかいを通じて、権威に反抗する態度が染みついているのだ。期待してもどうせ裏切られるのがオチだという、失望を避けたい気持ちもあるかもしれない。

そうでなくても、新任の上司は症候群に飲み込まれやすい。新任の上司はいろいろな決断を新たに下す。中には動機が曖昧だったり、目に見える結果がなかなか得られないものもある。少しでも部下にとってマイナスな要素が含まれていれば、部下たちは「俺たちの話を聞かない」「度胸がない」といったレッテルを貼り付けかねない。ひどいときには、先制攻撃を仕掛けることもある。新任の上司が厳しい態度を取る前に、反抗したり挑発したりするのだ。

たとえば、過去に不当な扱いを受けたことを会議で蒸し返すのがこれにあたる。前任者の下で起こったことで批判されたら、新任の上司がいらだつことは間違いない。仮にいらだちを覚えないとしても、その部下に同情するのが関の山で、自分が責任を感じることはないだろう。すると、新任の上司は自分が行ったことではなく行わなかったこと、つまり「責任を感じなかったこと」を批判されることになる。

いったい誰の責任なのか

「失敗おぜん立て症候群」が実際に始まっても、そもそもの原因が誰にあるかを特定するのは難しい。第一印象で「できない部下」だと決めつけた上司を責めることは可能だし、上司の行動をすべて悪い方向に解釈する部下を責めることもできるだろう。

だが残念なことに、この因果関係を完全に把握できる人はいない。症候群の引き金を誰が引いたか、そして何が重要な出来事だったかを上司と部下にそれぞれ尋ねても、まったく異なる答えが返ってくるだろう。

上司と部下が、ひとつの因果関係をまったく異なる角度から捉えるとどうなるのだろうか。第一に、「そもそもの原因は相手方にある」と互いに考えるようになる。すると、それぞれにバランスの回復や防御を試みるため、両者の関係はますます悪化する。

第二に、同じ事実でも受け止め方が異なるため、相手が受けるダメージを適切に評価できなくなる。たとえばあるマネジャーは、「ボスはこの前の会議でオレの昇進に賛成しなかった。次の会議では、ボスが困っても助け船を出すのはやめよう」という気持ちになったことがあるそうだ。「目には目を」という言葉を連想させる話だが、昇進に賛成することと会議で助け船を出すこととでは重みが違うはずである。こんな調子では、両者の溝を埋めることはできない。

症候群は放っておいたら治らない。仮に上司が和解を申し入れても、部下が「いろんなことがありすぎた」と言って拒んでしまったらそれまでだ。

したがって、もし両者が正面から向き合って率直に話し合おうとするのであれば、それぞれが考える「事実」がまったく異なることを認識するところから始めなければならない。症候群は両者のバイアスが積み重なった結果であることを直視しなければならないのだ。

互いを知ることが解決への第一歩

第4章で論じたように、「できない」とみなされた部下の多くは決して「できない」わけではない。レッテルを貼られてしまったことで、失敗すべくおぜん立てをされてしまっただけである。

部下は上司のレッテルをなんとか剝がそうと抵抗するかもしれないが、「失敗おぜん立て症候群」の歯車はいったん回り出すと簡単には止められない。お互いのバイアスがバイアスを呼び、ますますエスカレートしてしまう。

症候群における部下の役割を本章で論じた理由は二つある。第一の理由は、上司と同じバイアスを自分も持っていること、そして自分の失敗を自分自身でおぜん立てしていることを理解してもらうためである。第二の理由は、上司が部下の行動を理解し、これまでとは違う角度から部下のことを見られるようにするためである。たとえば、何かと人前で反抗する部下は単に無礼なのではなく、それなりの理由があってそうしているかもしれないと考えるようになってもらえれば、大きな前進だと言えるだろう。

しかし、症候群はそれだけでは治らない。この悪循環を断ち切るには、上司と部下が自分の心理状態と相手の心理状態の両方を理解しなければならないからだ。

その方法はこれから説明していくが、その前に、症候群が当事者である上司と部下のみならず、組織全体にも大きなコストをもたらすことを論じてみたい。

第6章

目に見えない巨大なコスト

たとえ無視されようとも、事実は事実として残る。けっして消え去ることはない。
オルダス・ハクスリー（作家）

「できない部下」に向き合うときの苦痛を避けようと、上司はいろいろな手段を利用する。心の中で自分と部下のつながりを断つのもそのひとつだ。

つながりを断つと、上司は部下が感じる痛みやストレス、失ってしまったチャンスや報酬といったコストを過小評価し始める。疎外感を味わっている部下が会社にもたらすコストも過小評価するようになる。行間を読むことに気を取られて仕事に身が入らない、些細な出来事に過剰反応する、何かと相手の確認を取りたがるといった具合に「できない部下」が仕事に向けるべき才能や努力を仕事以外のことに投じてしまったら、それは会社のコストに他ならない。

会社が「できない部下」の能力を十分に引き出していないことは明らかだ。しかし、何とかしようと対策を講じると、部下の成績はかえって低下してしまう。才能豊かな従業員でもそうなってしまうことがある。

部下とのつながりを断った上司は、どんな代償を払うのか。一概には言えないが、部下の創造性が発揮されなくなれば、会社は付加価値を生み出す可能性をその分失うことになろう。ＩＢＭの社内改革を促進したと言われるジェーン・ハーパー氏は次のように述べている。

「潜在的な能力を半分も発揮していない従業員が少なくないことに気づいた。みな仕事をたくさん抱え、猛スピードでそれをこなしていたが、素晴らしいアイデアが出てくることはなかった……そのうち、従業員が潜在能力を発揮できないのは失敗を恐れているからであり、格好悪い姿を見せたくないと考えているからだとわかった。リーダーである我々は、こうした障害物を取り除き、従業員の心に火をつけてやらねばならない。優秀な従業員は平均的な従業員より百倍優れているからだ」

部下の成績不振は、「失敗おぜん立て症候群」がもたらすさまざまなコストのひとつに過ぎない。本章では、当事者である上司と部下のみならず、所属部署や組織全体にも降りかかる負担、間接的なコスト、長期間居座る悪影響などを検証していく。

上司にのしかかる負担

症候群に陥った上司はいろいろな負担を背負う。まず、部下を監視することに時間を取られ、その分ほかのことができなくなる。症候群が進めば、部下の成績を維持するだけでもかなりの時間とエネルギーを奪われるだろう。終わりの見えない、苦しい戦いだ。

部下との関係が悪化すれば、精神的にも消耗する。互いに不信感をつのらせているのを知りながら、礼儀正しく振る舞うのはつらいものだ。いらだちや不快感を抑え込み、本心が態度や行動に表れないように気をつけていたら、それだけで仕事に投じるエネルギーは減ってしまう。

組織内の評判に傷が付く恐れもある。企業が人材獲得戦争を繰り広げている昨今では、部下の潜在能力を引き出したりチームをまとめたりする能力が評価の対象になることが多い。直属の上司と話をする「スキップレベル・ミーティング」や三六〇度評価制度を使えば、そうした能力の有無はすぐにわかる。ふてくされてしまった部下が一人だけなら「ツキがない」となるだろうが、三人も四人もいれば管理職としての力量が疑われる。

また、そうした部下に不当に厳しく接すれば、他の部下からアンフェアだとマイナス評価を受けるだろう。ある優秀な社員は、上司が同僚に辛く当たるのを見て「自分たちはしょせん消耗品なのだと思った」と語っている。

最近の組織は学習と権限委譲を重視しているため、上司は仕事の実績をあげながらコーチとしての評価も高めなければならない。しかし、「できない部下」をぞんざいに扱うとチーム全体の士気も大きく低下することにまで留意しているマネジャーはまだ少ない。

駆け込み寺と化す人事部

部下との折り合いが悪くなった上司は、人事部に助けを求める。いさかいに疲れた上司はアイデアも根気も使い果たしているのが普通であるため、専門知識のあるスタッフからアドバイスを受けたり、部下を異動させたり（異動先には嘘を言って了解させることが多い）、場合によっては解雇の口実を探したりする。

私たちは人事部のスタッフに会うと、「失敗おぜん立て症候群」があちこちに広がっており、その対応にかなりの時間を取られるという話をよく聞かされる。彼らはまず上司と部下の間に割って入り、仲裁したりカウンセリングを施したりする。不当な扱いを受けたという苦情に対応したり、異動や解雇の手続きを行ったりすることもある。解雇する場合は、十分な調査を行って部下の成績が悪いことを立証しなければならない。そうしなければ、後で訴えられる恐れがあるからだ。

いずれも手間のかかる仕事だが、付加価値を生んでいるとは言い難い。才能ある人物を集め、やる気を引き出し、能力を高め、成績を評価して相応の報酬を算定するのが人事部の本来の仕事なのだが、症候群のせいで発生する損害の抑制にかなりの時間と資源を奪われているのが実情だ。これでは、専門知識を持つ人事部のスタッフが組織の戦略策定や改革に参加することはできない。実際、人事部を戦略実行のパートナーと見る意識が希薄な企業はまだ多いと言われている。

チームの士気が低下する

「できない部下」を信用できない上司は、「できる部下」にどんどん仕事を回す。重要な仕事は頼りになる部下に任せ、速く確実にこなしたいからだ。「できる部下」なら気心も知れており、頼んだ以上の仕事をこなしてくれる。あるマネジャーは、冗談交じりでこう語ったことがある。「お客のいないレストランを避けるのに似ているね。何かを頼みたいなら忙しい人に限る。忙しいにはそれなりのわけがあるはずだ」

優秀な従業員はこうして大量の仕事を請け負い、さらに自分の部下にうまく仕事を割り当てることで時間管理の腕を磨いていくという説がある。しかし、実際にはすべて自分で抱え込み、ストレスを溜め込んでいくケースが多い。

こうした状況が長期化すると、他の仕事に回すべき時間とエネルギーが失われる。とくにしわ寄せを受けるのは部下の教育や指導など、目に見える結果が出るのに時間のかかる仕事だ。ストレスに耐えきれず辞めてしまったり、燃え尽きてしまうこともある。

症候群はチーム全体の成績にも悪影響を及ぼす。やる気を失ったり受け身になってしまったメンバーがいれば、そのチームの総合力はやはり低下する。

チームの総合力は、メンバーの能力の総和を多少上回るだけかもしれない。だが、メンバーはお互いに影響しあい、それぞれの能力を高めることがある。たとえば二〇〇〇年のシドニー・オリンピックの水泳では、オーストラリアのマイケル・クリムが男子四〇〇メートルリレーに第一泳者として出場し、一〇〇メートル自由形の世界記録を出している。水泳は究極の個人スポーツだが、チームの一員として信頼感と友情を経験すれば、メンバーの能力は飛躍的に高まるのだ。

同じことは企業にも言える。成績の良いチームはメンバー全員が当事者意識を持ち、仕事に全力で取り組んでいる。

ところが、メンバーが一人でも「できない」とみなされてしまうと、チーム全体の士気に悪影響が及び始める。全員が揃っている場で語れない秘密のようなものが生じ、一枚岩とは言えなくなる。

やがて刺激的な議論がはばかられるようになり、感情的な対立が解決しにくくなる。意思決定も遅くなり、イノベーションに欠かせない思い切りの良さもなくなる。疎外感を覚えたメンバーは自分がどう思われているかが気になり、他のメンバーの言動や表情、仕草に注意を払う。すると、他のメンバーも神経質になる。チームのために投資をしたり犠牲を払ったりすることが少なくなり、仲間を踏み台にしようと考えるメンバーも出てくる。こうなれば、互いの信頼感はもうぼろぼろだ。

上司の外集団に分類された部下がその痛みを表に出すまいと決意しても、他の部下はこれを敏感に感じ取る。あるマネジャーは、上司が仲間のひとりを執拗にいじめたときの不快感を思い出してこう語ってくれた。「チームは一種の生き物だ。メンバーのひとりが痛みを感じれば、それはチーム全体の痛みとなる」。こんな状況では、上司が「一緒になって頑張ろう」などと言っても部下は動かない。冷ややかな視線を送るだけだ。

また、上司からつらい仕打ちを受けたと考える部下は、痛みを表に出すことが少なくない。自分の愚痴を聞いてくれる人を探し出し、不平や不満をぶちまけるのである。

極端な例ではあるが、不満を口にすることが日課となった部下もいる。自分が不当な扱いを受けたことを同僚に認めてもらい、支援してもらいたいのだろう。しかし、初めのうちは耳を貸していた仲間も次第にうんざりし、会話を避けるようになる。不満の多い部下は陰鬱な表情と皮肉の混じった言動で雰囲気を暗くし、仕事の妨げになるからだ。やがて、話を聞いてくれる同僚はいなくなり、この部下は重要な情報を入手できなくなる。周囲の状況がますます見えなくなり、仕事にも支障を来すようになる。さらに事態が悪化すれば、仲間に無視されたり、何かトラブルが生じたときにスケープゴートにされたりする恐れも出てこよう。

上司自身が外集団にいたら

症候群は「できない部下」の部下にも悪影響を及ぼす。

まず、読者の上司がその上司から「できない」というレッテルを貼られていたら、読者はきっと仕事がしづらくなるだろう。上司に与えられた予算や権限が小さければ、その部下の予算や権限も小さくなる。上司が社内の重要情報を入手できなければ、部下は噂や推測に頼らざるをえない。上司に与えられる仕事が具体的かつ短時間で仕上げるものばかりなら、部下にもそうした仕事しか回ってこないだろう。

それだけではない。上司にのしかかる圧力は、部下の背中にも降りてくる。上司が細かなところまで指示された仕事を割り当てられれば、部下も細かなところまで注意しなければならない。

実際、「できない」とみなされたマネジャーの部下たちは、仕事の成果が芳しくないとき、原因を調べて対処することよりも言い訳を探すことのほうに長い時間を費やすことがあると話していた。これでは仕事にならないし、学習や成長の妨げにもなる。

また、冷遇されている上司に仕えるのは楽しいことではない。立場が不安定な上司では自分の出世を後押しできないかもしれないし、手柄を横取りされる恐れもある。おそらく、こうした上司は読者に厳しい締め切りを課し、他の部署との接触もすべて自分経由にさせるだろう。あるいは、そうした自分自身にも嫌気が差し、「私には何も聞くな。私は何にも知らない。ただ上司に言われた通りに働いているだけだ」と自虐的な態度を取るかもしれない。

逆説的だが、「できない」とみなされた上司は、自分が不満に思っていることを自分の部下にもしていることが多い。たとえば部下の成功に気付かなかったり、部下の行動を厳しく監視したりする。学校でいじめられた子供が家に帰り、腹いせに弟をいじめるようなものだ。志のある従業員なら、こうした構図から抜け出したいと考える。会社そのものに見切りをつける場合もあるだろう。その一方で、行動できないその他の従業員は、現状に甘んじてしまうだろう。

私たちは、「できない」とみなされたマネジャーが全員そうなると決めつけているわけではない。実際、このパターンに陥らないよう努力し、成功したマネジャーにも会っている。

しかし、成功するには三つのハードルを越えなければならない。

①上司からのプレッシャーをすべて受け止めながら、自分が持たないはずの裁量権を部下に与える

②意気消沈せず、自己保身に走りたい気持ちを抑え、何か良いことがあれば部下の手柄にする

③自分の上司の行動（悪い見本）を真似せず、部下に権限を委譲する理想の上司像を造り出す（あるいは、それに近い昔の上司のことを思い出す）

けっして越えられないハードルではないが、やすやすとクリアできるものでもない。上司に冷遇されているために、自分の部下にもつらい思いをさせてしまうマネジャーが多いのは、このハードルのためだろう。

「失敗おぜん立て症候群」は、当事者である上司と部下が所属するチームの外にも影響を及ぼす。

「できない部下」は、自分が不当に扱われていることを他の部署の従業員にも打ち明け、他の部署で不満を蓄積している人たちと慰め合うからである。

不満は組織の外にしみ出すこともある。真っ先にそれを察知するのは顧客だろう。たとえば航空会社では、客室乗務員が経営幹部と揉めたりすると、顧客サービスが瞬く間に低下する。幹部が自分たちを大事にしていないと考えてしまった乗務員は、乗客を大事にできなくなるのだ。

不満を持った従業員が取引先や同業者に愚痴をこぼすこともある。けっして良い宣伝にはならないし、会社の評判を落としたり人材獲得の障害になったりする恐れもあろう。また最近では、上司に対する不満を匿名で語り合うためにウェブサイトが構築されることもある。離職率が上昇したり世間の評判や企業イメージが悪くなったりすれば、人事部は他の分野に投じるはずの資源を削ってでも何らかの対策を講じなければならないだろう。

近視眼的になるマネジャー

このように症候群は多大なコストを企業にもたらす。表6－1はその種類と負担の関係をまとめたものだが、なぜマネジャーはこんな状況になっても動き出さないのだろうか。理由は主に二つある。

第一に、マネジャーはさまざまなコストが発生していることを十分に理解していない。おそらく、問題の兆候をすべて直接観察できるわけではないからだろう。部下が勤務時間中に廊下に集まって愚痴をこぼしあったり、不満を抱いていることを顧客に話してしまったりする場に、常に居合わせているとは限らないという意味だ。たとえ直接目にする機会があっても、そのことと自分の行動とをすぐ

表 6-1　症候群が組織にもたらすコスト

負担者	コストの種類（最終的には企業も負担）
部下	・キャリアに傷が付く。精神的にもダメージを負い、私生活に影響することも。
上司	・部下の成績が低下。 ・時間とエネルギーの喪失。骨折り損のくたびれもうけ。 ・疲労感。 ・社内評価の低下（チームをまとめる力や人材開発力、公正さなどを疑われる）。
チーム	・一体感の喪失。協力関係にひびが入る。 ・優秀なメンバーの脱退や「燃え尽き」。
他の部署の従業員	・従業員の成長が遅れたり、「他人の尻ぬぐい」を嫌がる風潮が生まれたりする。 ・企業イメージに傷が付く（不満を持つ従業員が顧客や取引先に直接接触する場合）。
人事部のスタッフ	・上司と部下のカウンセリングや仲裁、配置替えなど付加価値を生まない仕事に時間を奪われる。 ・成功するための計画の策定よりも、失敗の記録の作成に時間や手間を取られる。

に結びつけて考えることは難しいだろう。

第二に、従業員の成績が伸び悩んだり、一部の従業員の暗いムードが同僚に悪影響を及ぼしたりしても、マネジャーはそれを自分の責任だとは思わないのが普通である。これには、第3章で述べた症候群の「自己成就的なメカニズム」によって上司の役割が見えにくくなることも関係している。また、成功しているマネジャーは「できない部下」になった経験を持たないことが多く、出世や昇給の機会が乏しい外集団に入ることがいかなるものか、イメージできない面もある。

さらに、症候群に苦しむ部下の存在を認めることは、自分にも責任があることを認めることになる。これにはかなりの勇気と謙虚さが必要だろう。自分がこの部下を苦しめているとなれば、過去に何人かの部下を苦しめたことにもなりかねないからだ。自分の能力を疑われ、立場も脅かされるとなれば、マネジャーは症候群の存在そのものを否認してしまうだろう。

その結果、マネジャーはこう反論することになる。人材はどの部署にも均等に配分されているわけではない。それに、ぱっとしない従業員はどのグループにもいるものだ。ジャック・ウェルチ氏も「部下が一〇人いれば、そこにはスターが一人いて、うだつの上がらないやつも一人いる」と言っているではないか……。

マネジャーはこうして、対策を講じないことを正当化しようとする。しかしこの反論は、現状を放置することで生じるコストをまったく考慮していない。

中には、「これまで立派な業績をあげてきたのだから、今さら変えることなどない」と言い切るマネジャーもいる。だが、症候群は能力不足の上司だけのものではない。組織内で高い評価を得ているマネジャーが陥った事例を、私たちは何度も見ている。部下との接し方を間違えても、上司とチームの「スター」が優れた成績をあげれば、それなりの成功を収めることはできる。ただその場合、上司とスターは過労やストレスといった対価を払っていることが多い。

このように、症候群は多くの人に多大な負担をもたらす。これを取り除くにはどうしたらよいのだろうか。

できない部下はクビにすればいいのか？

読者がある企業のマネジャーだと仮定しよう。直属の部下は八名いる。ところがそのうち一名は何かと問題が多く目が離せない。おまけに最近はすねてしまい、チームの雰囲気を暗くするようになった。さて、どうしたらよいだろう。

私たちが経営管理セミナーの受講者たちに同じ質問をすると、「即座にクビ」という答えがすぐに返ってくる。どうやら、そうしたほうが手っ取り早いし決断力の証明にもなる、「怠け者予備軍」への警告にもなると思われているようだ。

少し厳しい対応かもしれないが、人生は短いのだから、ねじれてしまった関係を一から修復することなどできないと言ったマネジャーもいる。また別のマネジャーは、頑張っている他の部下にも配慮すべきだとしたうえで、次のように述べている。

「ビジネスは喰うか喰われるかの世界だ。とにかく厳しいプレッシャーにさらされている。私には直属の部下が一五人いるが、その一方で七件のプロジェクトに関わっている。しかも、そのうち二件はアジアで進んでいる話だから大変だ。部下一人ひとりについて考えている時間などない。だいたい、部下はみないい給料をもらっているし、ビジネスのルールもわかっている。私としては、できるだけ慎重に審査して雇った人物だから、できるだけ丁寧にコーチングしたつもりだが、うまくいかないときもある。そういうときは、やはり辞めてもらうしかないね」

企業の中には、評価の低い従業員に退職を勧めるところがある。GEが行ったように、成績の最も低い一〇%の従業員を追い出し始めた企業も少なくない。一〇%という枠があれば、あれこれ面倒なことはせずクビにしてしまえと考えるマネジャーがいても無理はないだろう。

ここでは、一〇%の従業員を解雇するという手法に異議を唱えるのではなく、解雇という手段で症候群に対処するとどんなコストが生じるかを考えてみたい。

まず、一〇%の従業員を正確にピックアップできるのかという問題がある。ここには本当に成績が悪い従業員もいるだろうが、上司との折り合いが悪いために本来の力を出し切れていない従業員が含まれている可能性もある。もし成績不振の原因を調べずに解雇したら、将来性のある人材をみすみす追い出すことになりかねない。

第二に、解雇は手っ取り早いかもしれないが、最も簡単で安価な手法だとは限らない。労働法が厳しい国ではとくにそうだ。

また、解雇すれば欠員を補充する必要が生じる。新しい従業員の採用や研修にもそれなりの費用がかかるだろう。その新しい従業員が前任者と同じ失敗を繰り返す恐れもある。原因を調べないマネジャーは、その一件から何も学習していないからだ。

フェアであることの大切さ

「できない部下」をあっさりクビにすると、他の従業員の間にアンフェアだという見方が広がる。意外かもしれないが、この影響は甚大だ。決定に至るまでの過程がフェアならば、従業員は不利な決定でも受け入れる。ところがフェアでないと受け入れないうえに、自分たちは消耗品だという意識を持ってしまう。「社員こそ我が社の最大の財産です」というスローガンは期待通りの成績をあげた従業員にのみ当てはまり、そうでない従業員はさっさとお払い箱にされると思われてしまうのだ。これでは士気も下がるし、業績も悪化する。

次に紹介するエールフランスの行った改革は、フェアであることがいかに大事かを物語っている。

時は一九九三年。フランスの国営航空会社エールフランスは窮地に陥っていた。その前年の大赤字は、他の大手航空会社の赤字をすべて足し合わせた額に匹敵するほどで、経営改革が喫緊の課題となっていた。

ベルナルド・アタリCEOは「赤字脱出作戦パート2」と題したリストラ計画をまとめ、自然減と早期退職勧奨による四〇〇〇人の人員削減と二年間の昇給凍結を従業員に提案。労働組合はストライキを打つべきか否か投票で決めようとしたが、地上職を中心とする一部の社員はそれを待たずに行動し、パリの空港を二つとも閉鎖した。滑走路でタイヤを燃やし、ストライキと言うよりは暴動に近い騒ぎとなった。フランスの運輸当局は計画の撤回を余儀なくされ、アタリCEOも辞任した。

後任のクリスチャン・ブランCEOは大変な難題に立ち向かうことになった。会社には組合が一四もあり、いずれもこの事件で意気があがっていたが、このような騒ぎを二度と起こすことなく会社を建て直さねばならないのだ。

ブランは着任早々動き始めた。まず、ストライキの首謀者や組合のリーダーたちと会い、従業員全員の意見を聞いたうえで新しいリストラ案を提案したいと語りかけた。そして、四万名の従業員全員にアンケート用紙を配り、その声を吸い上げようとした。ニュースレターも毎週発行し、自分の考えを従業員に発信した。

着任から五ヵ月後、ブランはこういった。「従業員のみなさん。みなさんの考えはよくわかりました。そこで、五〇〇〇名の人員削減と三年間の昇給凍結、三〇％の生産性向上を柱とする新しいリストラ計画を提案します」。驚いたことに、前任者よりも厳しい計画を持ち出してきたのだ。

労働組合は激怒し、即座に反対の姿勢を示した。ブランは落ち着き払ってこう言った。「では、組合員のみなさんに意見を聞いてみましょう」

ブランは住民投票ならぬ「従業員投票」を行った。すると、従業員の八四％が投票し、このうち八一％が賛成票を投じた。ブランは意を強くし、組合は主張を引っ込めた。エールフランスは期限の三年後を待たずにすべての目標を達成し、黒字回復も果たした。

この逸話の教訓は何か。まず、ブランの計画は前任者のものより厳しく、痛みを伴うものだった。ところが従業員は、この計画に至る過程はフェアだと認識した。過程がフェアであれば、人は自分にとって厳しい結論でも受け入れることができるのだ。

痛みを伴う計画の提案を従業員に期待するべきではない。だが条件さえ整えば、つまり問題の認識とその対策の提案に至る過程がフェアであり、コミュニケーションもしっかり取れているならば、従業員は厳しい計画にもゴーサインを出すのである。

外集団のメンバーは一人ではない

私たちがセミナーで「できない部下」の解雇を取り上げると、参加したマネジャーたちは扱いが最も難しい部下に的を絞ることが多い。しかし、私たちが議論しているのはそういう部下のことではない。前述したように、私たちの言う「できない部下」とは、成績は上位ではないものの企業が期待する「最低限の水準はクリアしている」従業員のことである。また、上司に気に入られた部下から成る「内集団」とそうでない部下から成る「外集団」の研究でも、外集団にはかなりの数の従業員が含まれる。外集団が「成績が最も低い一〇%」だけであることはあまりない。

言い換えるなら、私たちが問題にしているのは「最も成績の悪い部下を即座にクビにすることはベストの選択か」ではなく、「成績が平均以下の部下を即座にクビにすることはベストの選択か」となるだろう。部下のほぼ半分は平均以下だから、簡単には答えられないはずだ。

症候群を断ち切るために部下を解雇することについては、後でまた論じたいと思う。とりあえずは、解雇にはさまざまなコストがかかることを指摘しておきたい。人員補充や研修のコストはもちろん、解雇に至る過程がフェアでなければ士気の低下というコストも発生する。

解雇に至る過程がフェアだとみなされるかどうかは、当然ながらいろいろな要因に左右される。その部下は上司が自ら採用したのか、それとも前任者が採用したのか。部下にはどの程度のチャンスが与えられたのか。同僚とのコミュニケーションは円滑か。上司とそのチームはどの程度のプレッシャーを受けているのか。チームを建て直すのに使える時間はどれぐらいあるかといった具合である。

解雇は不適切な策だと断じるつもりはない。後述するが、そうすべきときもあるだろう。ただ、意外にコストのかかる手法であることは間違いない。

上司だけでは解決できない

「解雇がダメなら、自分が何とかするしかない」。そう考えて一人で問題に取り組んでしまうマネジャーがいる。

たとえば、「できない部下」との付き合い方を一八〇度転換する。これまでよりも丁寧に接し、コーチングにも時間を割く。多少の失敗には目をつぶる。そしてピグマリオン効果の力を借りようと「君には期待している」と語りかけ、少し難しい仕事を任せる。

この一方的なアプローチの魅力は、手っ取り早くできることにある。下手に部下との対話に臨めば、反撃されたりメンツをつぶされたりする恐れがあるが、一方的に取り組めばそういう心配もない。

だが、一方的なアプローチが成功する確率は低い。

第一に、上司はまっさらな気持ちで部下と接することがなかなかできない。部下が以前しでかした失敗のことなどを覚えていれば、権限を委譲したり励ましたりという行動が長続きしない恐れがある。第二に、前章でも見たように、症候群は部下の認識や行動を糧にその勢いを増していく。上司が一人で頑張っても、部下もその気になるようなきっかけがなければ、成功はおぼつかない。

そもそも、一方的なアプローチでは、仮に効果が出ても長続きしないことが多い。上司の行動が変わるとしても、成績不振の部下が抱える問題点には誰も切り込んでいないからだ。

一方的なアプローチでは、大きく分けて二種類の結果が生じうる。ひとつは、上司の態度の変化によって比較的自由に仕事ができるようになった部下が、重要なプロジェクトで好成績を収めるというパターンである。

だが、仮にこうした成功を収めても、基本的な問題は手つかずのままである。上司と部下は対話も対決もしていないため、将来同じような困難に直面したら同じように困ってしまうだろう。

例をあげよう。海外子会社の社長に抜擢されたマネジャーが現地に赴いたところ、現場から新しいアイデアがほとんど上がってこないことに気づいた。調べてみると、現場と社長との間にチェックや手続きが網の目のように存在し、情報の流れを阻んでいることがわかった。社長がさらに詳細を調査したうえで手続きを大幅に簡素化したところ、革新的なアイデアがどっとあふれ出てきた。

社長は大成功を収めたのだろうか。そうとは言い切れないだろう。「どうして今までこんな状況を放っておいたのか。もっと早く改革できなかったのか」という根源的な問いかけがなされていないからである。この問いについて考えれば、学習によって同じようなことが再度生じるのを防げるはずなのに、社長はそのチャンスをみすみす逃しているのだ。

マネジャーと呼ばれる人々は、行動の背景にある価値観や前提など考えず、表面的な行動にだけ対処する傾向がある。だが、進歩し続けるには、問題解決法を考えるだけ（いわゆるシングルループ学習）でなく、どうして問題がそこまで悪化したかを探ること（ダブルループ学習）も必要だ。

したがって、上司による一方的なアプローチでは、上司も部下もあまり学習せずに終わってしまう恐れがある。上司は人間関係の危機をどのように乗り越えるのか——当事者である部下もその同僚も、自分がマネジャーになったときに遭遇するこの問題について学ぶチャンスをつかみ損ねてしまうのだ。

一方的なアプローチで生じうるもうひとつの結果とは、上司がついやりすぎて失敗するパターンである。たとえば、大きな裁量権を突然委ねられた部下は当惑し、責任の重さにまいってしまうかもしれない。与えられた仕事が難しすぎて手に負えないこともありえよう。上司の態度が急に変わったことが気になり、ストレスを感じることもあるだろう。

これまでずっと動けなかった部下を走らせるためには、まず歩く練習から始めなければならない。その手間を惜しめば、すぐに転んでしまうだろう。そうなれば上司はいらだち、やっぱりこの部下からは目が離せないと思ってしまう。これでは、せっかくの試みが振り出しに戻ってしまいかねない。

このように、上司一人で症候群を断ち切ろうとするのはリスクの高い選択である。うまくいけば「できない部下」が内集団に近づくことがあるかもしれないが、その経験からの学習は不十分なまま終わるだろう。うまくいかなければ、「できない部下」はやっぱりできないのだと上司は考え、自分が貼ったレッテルをはがすのをやめてしまうだろう。

一方的なアプローチがダメだとなれば、双方向的なアプローチを取る必要が出てくる。上司と部下が大きくした問題には、両者が協力して取り組まねばならない。お互いに一歩退き、不健康な関係を一緒になって創り出すのをやめるのである。それにはやはり、腹を割って話し合うしかない。

上司と部下、対話のポイント

腹を割って話し合う――誰でも思いつきそうな解決策だが、実行している人は非常に少ない。上司も部下も、対話に臨めば相手に攻撃されると思い込んでいるからだ。この壁を乗り越えるには、両者がそれぞれ何を恐れているかを正確に理解しなければならない。

症候群に苦しむ多数の部下に、上司に話を切り出せないのはなぜかと尋ねたところ、二つの理由が浮かび上がった。

第一の理由は、我慢の足らない人間だと思われたくないというものだった。ある部下はこう語った。「この話題を持ち出すのは難しいですね。弱い人間だという印象を持たれたくないですから」

根拠のない不安ではない。実際、マネジャーと部下による「初めての話し合い」のシミュレーションを部下から切り出す形で試みると、かなり張りつめた雰囲気になる。やはり、「部長は私をちゃんと評価していないし、仕事のチャンスもくれない。私の能力を疑っているのではないか」という話を始めるのは容易なことではないだろう。

マネジャーたちによる役割練習という形で行ったシミュレーションでは、話しかけた部下に上司が次のように反応する場面が見られた。「するとなにかね。私たちの間には問題があり、それは私の問題だと言いたいのかね。じゃあ、まず君の問題から話そうじゃないか」。上司は対話の主導権をもぎ取り、部下の欠点をあげつらい始めたのである。

第二の理由は、上司はすでに問題を認識しているが、あえて話題にしてこないというものだった。つまり、「上司は話したがらないはず」と推測しているのだ。ある部下はこう語った。「私たちが緊張関係にあることを上司が感じていないはずはない。対話がないことにも気づいていると思う。それでも声をかけてこないのは、話題にしたくないからだろう」

つまり、多くの「できない部下」は上司と話し合いたいと思っているが、上司のほうから話し合いに応じるサインを出してもらわないと動けないのである。

部下たちは口にしなかったが、「第三の理由」もあると私たちは考えている。部下たちはおそらく、対話を切り出すことについて期待と不安の両方を感じている。解決に向けて第一歩を踏み出したいのは山々だが、対話は不愉快なものに終わる可能性もあるし、事態を一層悪化させる恐れもあると心配しているのだ。

こうした懸念と組織内での立場の違いを考慮すれば、ここは上司から歩み寄った方が得策だろう。だが残念なことに、上司のほうも対話に踏み切れずにいる。関係のギクシャクしている相手と難しい話をせよというのだから、先送りしたくなるのも無理はあるまい。

かくして上司、部下双方とも不満は積み上がってゆく。症候群を放置しておくとその影響は組織中に広がり、さまざまなコストを発生させるのだが、それを治療する有効な手立てはないのだろうか。

第7章では、上司と部下の対話を取り上げ、力を合わせれば対話の効用をフルに引き出せることなどを論じ、関係改善への第一歩の踏み出し方を紹介しよう。

第7章

上司を待ち受ける数々の落とし穴

人間は、自分が直接得た確実な知識ではなく、自分で作ったイメージや他人からもらったイメージを頼りに行動する……その時々の行動は、その人がどんな世界観を描いているかによって決まる。

ウォルター・リップマン（米国のジャーナリスト）

第6章で論じたように、上司は折り合いの悪い部下との対話に消極的になることがある。対話をしても関係が改善する可能性は低い、不安もあるし不快でもある、かえって事態が悪化する恐れもあるなどがその理由だ。

なるほど、「できない部下」が上司のフィードバックをすんなり受け入れて行動を改める可能性は低い。だがそれは、フィードバックを行う過程で、部下を思う気持ちやフェアであることを重視する姿勢がうまく伝わっていないためでもある。

これまで指摘したように難しい面は多々あるが、関係改善への青写真を作り、その第一歩を踏み出すのはやはり上司の役目だと私たちは考えている。そしてその試みを成功させるには、上司のフィードバックは単なる悪口やアンフェアな態度の表れではなく、それなりの根拠に基づいていることを部下に納得させる必要があろう。したがって、上司はかなりの準備と自己分析を事前に済ませておかねばならない。その具体的な手法は第8章で紹介する。

本章では、上司はなぜ「できない部下」との対話を不快だとみなしてしまうのか、対話が失敗に終わることが多いのはなぜかといったテーマを取り上げる。問題解決のカギはストレスの多い対話への取り組み方、とくにフィードバックの与え方にあるというのが私たちの考えだ。

フィードバックに潜むリスク

まず、上司は「できない部下」との対話でどんな過程や結果を恐れているか、考えてみよう。

大半の上司は、マイナス評価のフィードバックをすると部下が傷つくのではと心配している。人を傷つけるのはやはり楽しくないし、部下がどんな反応を示すかわからないのも不安だ。人は傷つけられると反撃を試みることがある。痛みを忘れたい、自分の痛みを相手にも思い知らせてやりたいといった気持ちが働くためだ。

その手法は多彩で、中には攻撃的なものもある。上司の見方は偏っていると真正面から反発したり、上司の判断や誠実さに疑問を呈したり、大声で怒鳴り散らしたりといった具合だ。それほど反抗的ではないが、自分がどんな痛みを感じているか上司にもわかるように説明するという手法もある。いずれも、「私を傷つけたことを反省せよ」というメッセージである。

折り合いの悪い部下との対話に踏み切れば反発を買うかもしれないと思った上司は、やはり不安を覚える。しかも、この不安は後の対話の形にも影響する。次の話に登場する男性のように、気まずい雰囲気になるのではという不安を抱えながら話を始めると、攻撃的な口調になりやすい。

ある雪の夜、一台の車が田舎道でわだちにはまり、出られなくなった。運転していた男は車の周囲を二、三度回り、シャベルで雪をかきわけるしかないと判断した。離れたところに農家らしき家が一軒だけ見えたので、真夜中だったがシャベルを借りに行くことにした。

男は雪道を歩きながら、これから会う農家の主人がどんな顔をするか考えた。どこの誰かもわからない男に、それもこんな時間に叩き起こされるのだから、歓迎されるはずはない。農家の朝は早い。それに、この雪だからいろいろな作業をしなければならないはずだ。

農家に近づくにつれ、男の不安はどんどん強くなった。こんな真夜中にシャベルを貸してくれるだろうか。代わりに何か置いて行けと言われたらどうしよう。金目のものなど何一つない……。

玄関先まで来たとき、不安は頂点に達した。自分の願いなど聞いてくれない、絶対無理だと男は思った。そのためか、ノックしたドアが開きかけた途端、男はとうとう叫んでしまった。「もうけっこう！　シャベルなんか貸してくれなくても構うもんか！」

上司は対話の結果にも不安を抱くことがある。対話をきっかけに部下がフィードバックを受け入れ、成績向上に取り組んでくれればよいが、そうならない可能性も当然ながらあるからだ。たとえば、フィードバックなど無効だとか、上司は全体像を見ていないと反発を買うことが考えられよう。

その場合、上司はひとつの選択を迫られる。エスカレートする可能性を承知の上で対話を続けるか、あるいは言いたいことだけをとりあえず言って打ち切るかという選択だ。

対話を続けると決めた場合、上司は自分が耳にすることよりも自分が口にすることのほうを心配する。部下に反発されたら自分の本当の考えを話し、それまで抑えてきたイライラを爆発させてしまうかもしれないという不安があるのだ。気に入らなかった出来事、腹が立ったミス、お前など信用していないという本心をすべてぶちまけてしまったら、二人の関係は一気に険悪なものとなろう。それは上司の本意ではない。

ある企業のマネジャーは、うってつけの事例を私たちに提供してくれた。彼は自分の部下に対し、非常に質の高い仕事をするがその量がやや少ないという印象を持っていた。そして「品質に力を入れるからスピードが遅くなる、ここはひとつ、品質を落としてスピードを上げるよう話してみよう」と考えた。あまりにも自明な結論だと思ったので、反論されたときのためにデータを用意しておくといった準備はしなかった。

その結果、二人の対話は次のようなものになった（実際の会話を要約したものである）。

上司：ちょっと話したいことがあるんだ。君の仕事のことなんだけどね、質は素晴らしいんだが、ちょっと量が足りないんじゃないかな。少し質を落とせば、もっと仕事が速くなるように思うんだが、どうだろう。

部下：どういうことでしょう。私、仕事が遅いってことはないと思うんですけど。

上司：いやいや、遅いんだよ。質が高いことは間違いないんだが……。

部下：ちょっと待って下さい。何をおっしゃっているのか、よくわかりません。私は締め切りに遅れたことはありませんし、仕事もちゃんとやっていると……。
上司：だから、言っているじゃないか。君はのんびりやっているんだよ。
部下：そんな……そんなことはありません。
上司：いいかね、君は仕事が遅いんだ。オフィスのみんなは陰で笑っているよ。なんて手が遅いんだろうってね！

このような会話は、話した本人が後で削除したくなるような発言に至ることが少なくない。だが残念なことに、記録は削除できても記憶は消せない。口にした言葉を回収し、何事もなかったかのように振る舞うことなど不可能だ。
この上司は、話が思いもよらぬ方向に進んでいることに途中で気づいてもよかっただろう。また、自分の主張を裏付けるデータがない以上、いったん矛を収めて出直すべきであった。

話し合いが戦いになるとき

図7－1にまとめたように、上司が部下との関係改善に向けて第一歩を踏み出すといろいろな結果が生じる。では、こうした結果はどれくらいの「確率」で起こりうるのだろうか。上司のポールと優秀な部下ジョーイの事例を使って説明しよう。
まず、ポールがジョーイにマイナス評価のフィードバックを行う確率は小さい。仮にそうなる場合

図 7-1　上司が動き出すとどうなるか

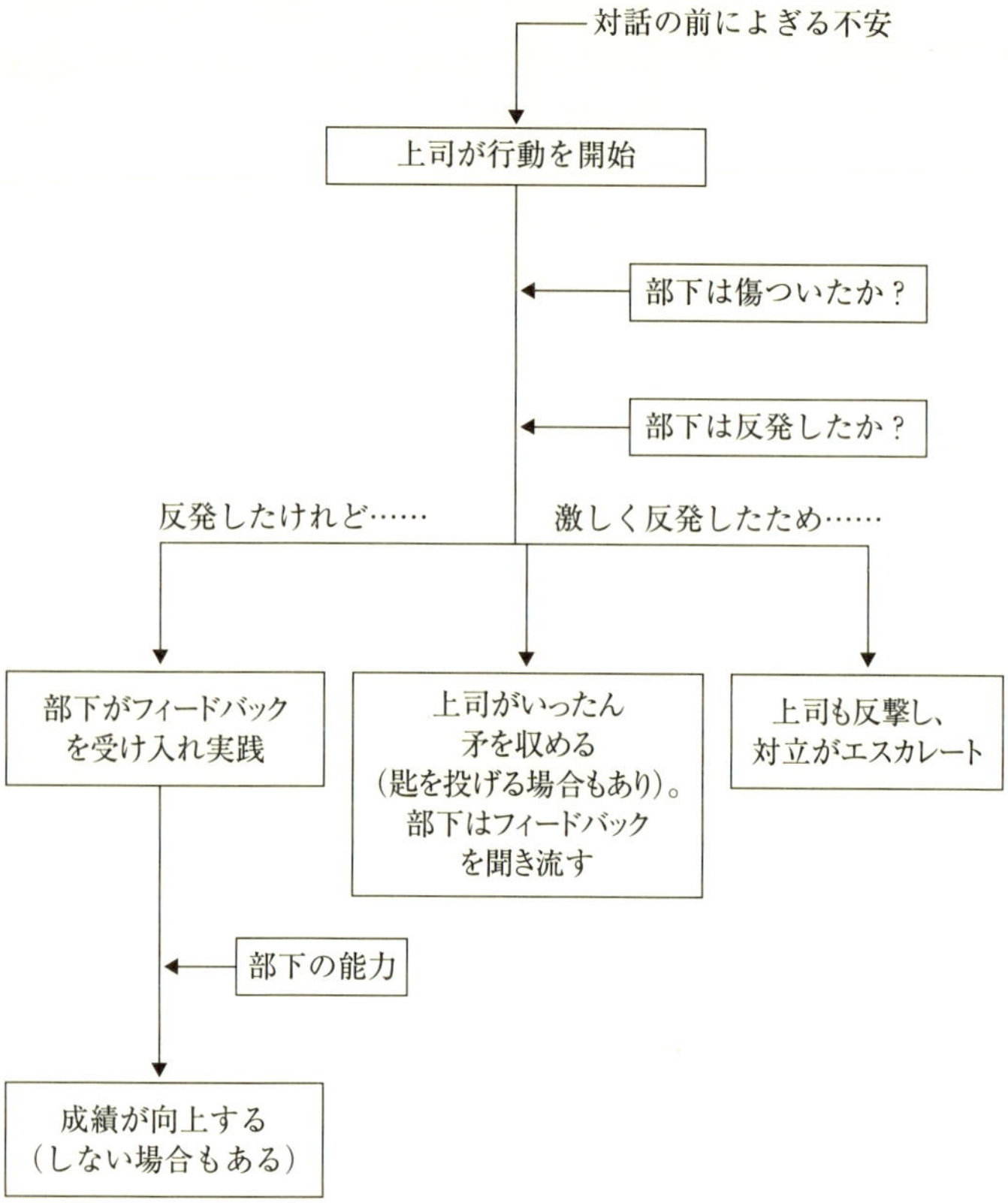

でも、ポールは普段の仕事ぶりを評価してから話を始めるだろうし、ジョーイの将来に役立つフィードバックをするだろう。そのため、ポールが対話の前に不安を覚えることは考えにくい。

一方、ジョーイはフィードバックを聞いて少しがっかりするかもしれないが、根に持ったりはしないだろう。むしろ、わざわざ時間を割いてアドバイスしてくれてありがたいと思うはずだ。したがってフィードバックは受け入れられ、ポールも「これでまた成績が上がる」と安心するだろう。

ところが、「できない部下」のサラが相手だと状況が一変する。「失敗おぜん立て症候群」が進行しているため、ポールとサラはお互いを疎《うと》ましく思うようになっている。サラはポールをできるだけ避けようとし、ポールはサラの仕事ぶりをたびたびチェックしている。

そのサラと対話するとなれば、ポールが準備段階から不安を覚えるのは間違いない。対話はサラにとって不快なものとなるだろうし、反撃してくることもあり得る。これまでの経験からみても、サラが助言を素直に受け入れることは考えにくい。仮に受け入れても、成績はさほど伸びないだろう。それに、成績向上プログラムなどを始めたらかなりの手間がかかる。プログラムが失敗に終われば配置転換や解雇を検討せざるをえないが、これもまた骨の折れる仕事だ……。

このように「できない部下」についてプラスとマイナスを天秤にかけると、あまり良い結果は出てこない。したがって、上司はどうしても及び腰になる。二人の関係が「我慢できる範囲内」であれば、この問題は先送りされてしまうだろう。

この事例のポイントは、「できない部下はフィードバックを受け入れない」という上司の認識にある。たしかに、そう実感している上司は多く、けっして的はずれな認識ではないだろう。では、なぜ部下はフィードバックを無視するのだろうか。

研究によれば、人はフィードバックが有効だとみなせば、抵抗なく受け入れ、実践する傾向がある。自分をプラスに評価するフィードバックはもちろん、マイナス評価するフィードバックであっても、次の条件が満たされれば受け入れる可能性が高くなる。

①フィードバックの出し手が信頼できる人物であること
②フィードバックの出し手の意図を信頼できること
③フィードバックの「策定過程」がフェアであること。具体的には上司が、
・関連情報をすべて集めている
・フィードバックの受け手に説明や弁明の機会を与えている
・受け手の見解も考慮している
・批判するときの判断基準にぶれがない
④フィードバックの「伝達方法」がフェアであること。具体的には上司が、
・受け手の考えにも十分な注意を払っている
・受け手を尊重している
・たとえ見解が違っても、受け手を支援しようとする姿勢が見られる

このリストを眺めたうえで、上司が「できる部下」と「できない部下」に見せる行動や態度の違い

を考えれば、「できる部下」のほうが上司の意図を信頼する可能性が高いのは明らかだ。フィードバックの策定や伝達をフェアだとみなす可能性も同様だろう。

一方、「できない部下」は上司をなかなか信頼できない。自分の過去の業績を選択的に観察・記憶されたり、好成績を収めても自分の努力の結果だとみなしてもらえなかったり、自分の意見を軽視されたりした経験があるからだ。上司も、「できない部下」との対話では感情を抑えながら話すため、冷たく厳しい口調になりがちである。その結果、「できない部下」の多くはフィードバックを有効だとみなさない。事実に基づいたアドバイスというよりは、単にいじめられているだけという印象を持ってしまうのである。

「フレーム」にしばられた対話

すでに述べたように、人間には他人や物事にレッテルを貼る傾向がある。そうしておけば情報を手早く処理でき、細かなことでいちいち悩まずに済む。

同様に、人間は何かを決断するときに「フレーム」を使う傾向がある。フレームとは、一言で言うなら、意思決定を行う人が持つイメージとか問題のとらえ方のことである。このフレームが強い力を持つことを、笑い話を使って説明してみよう。

ある教会の若い神父が司教に尋ねた。「お祈りの最中にタバコを吸ってもよろしいでしょうか」。司教は強い口調で「だめだ！」とはねつけた。ところが数時間後、若い神父は先輩にあたる神父がお祈りをしながらタバコを吹かす様子を目撃した。「先輩、タバコはダメですよ。私だって、さっき司教様にそう言われたばかりなんです」。先輩神父は答えた。「そりゃ変だな。僕も、タバコを吸いながらお祈りしてもよろしいでしょうかってお伺いを立てたんだが、お祈りはいつしてもよろしいという答えだったよ」。同じ内容の質問でもフレームが異なる（お祈りの最中にタバコを吸うか、タバコの最中にお祈りをするか）ため、司教は正反対の答えを出してしまったのである。

もうひとつ例をあげよう。ある夫婦が二人目の子供を授かることになった。慎重に考えた結果、現在の家では手狭になるので増築することにした。複数の工務店から見積もりを取って何週間も検討したが、八歳になる子供がある日、「○○くんちが引っ越すんだって。どうしてかな」と聞いてきた。答えようとした夫婦は、そこではたと気がついた。家が狭くなるのなら、他の家に引っ越してもよいのではないか――「増築」というフレームから「広いスペースを確保する」というフレームに切り替えることで、夫婦は選択肢を増やすことができた。

なぜフレームなどという概念を持ち出すのか、少し説明しておこう。

窓枠が部屋の外の風景を切り取って見せてくれるように、フレームは決断の「境界線」を引いて何を考慮して何を考慮しないかを決める。同時に「参照点」という基準を設け、何をもって成功とみなすかを決める。つまりフレームが決まれば、どの問題に注目するか、どの情報が重要か、どの程度のエネルギーを問題解決に注ぐべきかといったことが決まっていく。

こうしたフレームは上司と部下の関係構築でも大きな役割を果たす。上司は部下にメッセージを発したりフィードバックを行ったり、その反応を見たりしながら部下との関係を築くが、そうしたやりとりでフレームを使う。何が問題か、何が重要か、それらは互いにどう関係しているかといったイメージをあらかじめ持ちながら部下に接していると言ってもよい。

また私たちの研究によれば、ストレスの多い問題に直面した上司は「狭くて二者択一的な」フレームで問題を捉え、そのフレームを「固定化」する傾向が強い。

具体例をみてみよう。ある企業のマネジャーが難問に直面した。部下のジョーが退職することになったが、会社は人員削減を進めており欠員を補充できない。そこで、別の部下にジョーの仕事を丸ごと引き継いでもらおうと考えた。

部下は自己防衛する

その部下との対話の後、上司は次のようなメモを記している。これを読めば、この問題に対する上司のフレームがよくわかるだろう。

(ジョーの退職により) スタッフの数が減るため、彼の担当業務と責任を他の部下に割り当てなければならなくなった。そこで、過去の実績などから最も適任だと思われるプロダクト・マネジャーにそっくり引き継がせようと考えた。ところが彼女は、私が「命令」するなら別だが、基本的には引き受けられないと言い張った。命令で無理矢理担当させるわけにはいかないため、結局他の部下に任せることにした。

実際の会話はこうだった (カッコ内はそのときの上司の気持ち)。

（退職するジョーの仕事はこの部下に引き受けてもらいたい。実際、そうしてくれなければ困る）

上司「実はジョーが一〇月一日までに辞めることになった。だが、事業の先行きが不透明なので欠員を補充できない。残りのメンバーで彼の穴を埋めなければならないんだ。

そこで、誰に頼もうか考えたんだが、やっぱり君が適任だと思う。これまでも、とても良くやってくれているしね。ジョーがやっていた仕事は大変だが、君ならちゃんと成果をあげてくれるだろう」

部下「申し訳ありませんが、私はこれ以上仕事を受けることができません。今でも多すぎると思っているぐらいなのです」

（彼女のことは、これまでずっと評価してきた。去年は給料も上げてやった。それなのに、この大事なときに助けてくれないとはなんてことだ！）

上司「もちろん必要な支援はする。アシスタントをつけてもいいし、できるだけのことはするよ」

部下「はい、でも、この製品については何も知らないのです」

（本当かな。もっと他に理由があるんじゃないか）

上司「いやいや、君は優秀だし、飲み込みが早いから大丈夫だろう。なんなら研修プログラムか何かに参加してもいいよ」

部下「お言葉ですが、私たちだけでカバーすべき問題ではないように思うのですが、どうでしょう。他の課に応援を頼んではどうですか」

（欠員を補充したいのは私も同じ。やれることはすべてやったが、できなかった。信じてもらえないのだろうか）
上司「いや、それは無理だ。応援してもらおうとあらゆる手を打ったんだが、外からスタッフを補充することはできんのだよ」
部下「そうですか。では、命令だとおっしゃるのならやりますが、あまり得策ではないように思います」
（それじゃまるで脅しじゃないか）
上司「そうか、残念だな。だが、お互いに少し考えてみようじゃないか。明日また話をしよう」

この上司のフレームは次のようにまとめられよう。
- 部下が一人減る。したがって、
- 仕事を他の部下に割り当てなければならない。
- 最も適任だと思われる部下を選び、
- 現在の仕事と新しい仕事の両方を引き受けてもらえるよう説得したい。

プレッシャーとは無縁な第三者の立場からみれば、この上司のフレームが「狭い」ことは明白だろう。なぜなら、
- ジョーが担当していた業務の一部あるいは全部をやめる（その業務が付加価値を生み出さない場合）。

●ジョーの業務を複数の部下に分担させる。
●部下全員の仕事を見直し、やめられる業務を見つけ出す。そうすれば、ジョーの業務を残った人員で吸収できる。
●自分一人で考えず、部下の意見も聞きながら問題に対処する。

といった選択肢が最初から排除されているからだ。

また、このフレームは「二者択一的」である。部下が頼みを聞いてくれる（成功）か、聞いてくれない（失敗）かの二種類だ。

さらに、上司はフレームを最後まで「固定化」している。要請が不首尾に終わったにもかかわらず、自分の見方を変えていない。それどころか、飼い犬に手をかまれたような気分になっている。

この「狭くて二者択一的、しかも固定化されたフレーム」は、上司と部下の双方に大きなストレスをもたらす。上司には、部下が自分に従う「良い選択肢」と、従わない「悪い選択肢」しか見えないため、対話には緊張した様子で臨む。すると部下はそれを感じ取り、従うか従わないかのどちらかしかないことを理解する。その結果、工夫の余地が非常に限られてしまうことになる。

さらに、両者は自分の感情をコントロールするのにかなりのエネルギーを割かねばならない。人が一度に使えるエネルギーには上限があり、感情をコントロールしようと思えばそれだけ他の部分がおろそかになる。相手の言ったことや言わなかったことを分析するとか、もっと創造的な提案を考えるといった生産的なことに向けるエネルギーが減ってしまうのだ。

たとえば、上司が対話の内容の分析にもっとエネルギーを注いでいたら、「ジョーの業務を引き受けてくれない本当の理由は何なのか」と部下に質問できたかもしれない。部下は時間がないことや専門知識が足りないことなどに触れたうえで、「他の課に応援を頼んではどうですか」と提案している。「もっと他に理由があるんじゃないか」と思っているのなら、上司は素直にそう聞けばよかったのである。

さらにやっかいなのは、上司自身が「狭くて二者択一的、しかも固定化されたフレーム」を使っていることに気づいていないことである。そもそも、自分がフレームを使っているなどとは夢にも思っていない。ただ目の前にある状況を分析し、その解決策を出しているだけである。

たいていの人はフレームのことなど知らない。だからフレームについて考えることも、フレームを使うことが適切かどうか評価することもない。この事例では、部下がフレームの狭さを示唆したにもかかわらず、上司はそれを読み取れなかった。自分の提案が唯一の解決策だと信じ込んでいたからだ。

また、上司が現実の一部しか見ていないこと、すでに論じたバイアスによって視点が歪んでいることも指摘しておきたい。

たとえば、上司は心の中で「彼女のことは、これまでずっと評価してきた。去年は給料も上げてやった」、だから「彼女は自分に借りがある」と考えている。しかし、部下のほうは「借りなどない」と言うかもしれない。「ほめてもらったり給料を上げてもらったりしたのは、自分がこの数年間一生懸命働いてきたからだ。貸し借りなどない」というわけだ。下手をすれば、「給料の上げ方が十分でないから、上司のほうこそ自分に借りがある」と思うかもしれない。上司も部下も、いわゆる選択的な記憶に基づいて行動している可能性があるだろう。

さらに上司は、部下が要請を拒んだことを部下の人格と結びつけている。給料を上げてやったのに「この大事なときに助けてくれないとはなんてことだ！」と反応していることがその証拠だ。

こうしたバイアスのために、上司は自分のフレームに気づかない。フレームを使っていることも、フレームが相手の対応に影響を与えていることにも気づかない。その結果、自分のアプローチに問題があるとは考えず、部下の忠誠心に問題があると考えてしまうのである。

エスカレートする議論

このような事例は枚挙にいとまがない。ストレスの小さな状況であれば上司も余裕を持って柔軟に取り組めるのだが、困難でストレスの多い状況になると、上司のフレームは「狭くて二者択一的、しかも固定化された」ものになりがちだ。

また、困難な状況に置かれると、上司が自分の主張を通す方法は二つに限られてしまう。自説を展開して正面から押す方法と、質問を重ねて自分の望む方向に議論を誘導する方法の二つだ。先の事例は、正面から押すアプローチの典型である。

ただこのアプローチには、部下に反論されると上司も反論してしまい、議論がエスカレートする可能性が高いという問題点がある。図7－2はその様子をまとめたものである。

部下のサムは、プロジェクトで自分はいい仕事をしたと言う（S_1）。上司のベスはそれをあからさまに否定するわけではないが、少し控えめな評価をしており、「悪くはない」と返す（B_1）。サムは最初の発言を繰り返すこともできたが、上司の見解を自分の見解に少しでも近づけようと試みる（S_2）。

図 7-2　上司と部下が衝突するとき

部下のサム　　　　**上司のベス**

S_1：どうです、あの仕事なかなかだったでしょう。

B_1：そう、悪くはないわね。

S_2：悪くはないとはどういうことですか。すごく良い形にまとまったじゃないですか。

B_2：でも、問題もあったのよ。

S_3：ちょっと待って下さいよ。あんなにうまくいったのに。

B_3：それに、結構深刻な問題だったの。

S_4：ですから、素晴らしい仕事ぶりだったじゃないですか。

B_4：問題があったことを考えると、すごく良かったとは言えないわよ。

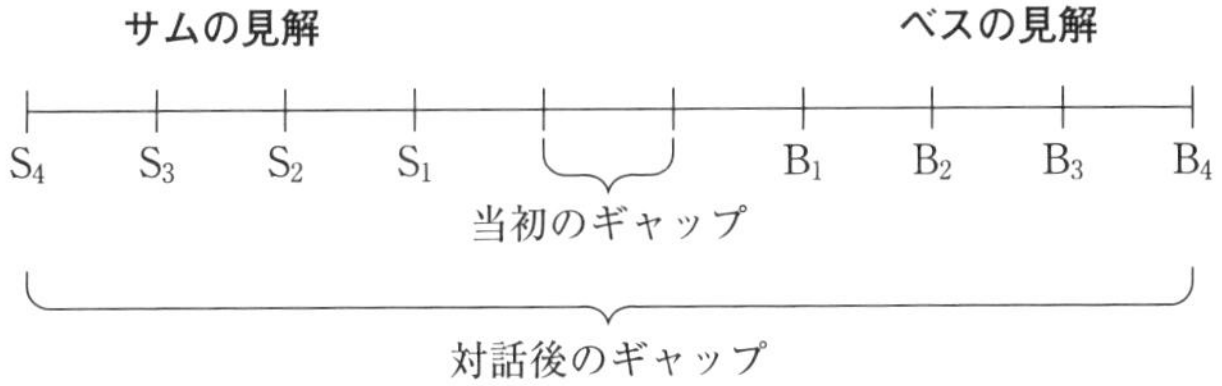

ベスはサムの功績を認めているものの、誇張表現には賛同できない。サムと同様、相手の見解を自分の見解に近づけたいという気持ちが強く、「問題もあったのよ」と応じてしまう（B_2）。「狭くて二者択一的、しかも固定化された」フレームのために議論はエスカレートし、両者の溝はどんどん広がってしまう。

こうした現象は上司と部下だけのものではない。引き金になるのは上司と部下という上下関係ではなくフレームであるため、同僚や顧客、友人や家族との間でも起こりうる。たとえば、ちょっとしたことで始まった夫婦げんかがあっという間に激しいものに変わることがあるが、これは同じ問題をそれぞれ異なるフレームから見るうえに、異なる参照点を用いるためである。

巧妙なアプローチが招く災い

正面からのアプローチでは議論がエスカレートする恐れがあるため、巧妙な質問を重ねて部下を「正しい」方向に誘導しようとする上司も多い。ある企業の経営幹部は、部下に伝えにくいことがあったため、この「丸め込み」戦術を用いた。どのように使ったのか、本人のメモを紹介しよう。

私は勤務先で製品開発委員会の議長を務めているが、委員の一人に辞任を要請しなければならなかった。委員会への貢献度が低かったからだ。彼女は私の直属の部下でもある。小さなチームを率いるマネジャーとしては優れた成績を収めているので、委員会の仕事に手が回らなかったとしても無理はない。だが辞任してくれと言われたら、やはり気を悪くするだろう。彼女はそうした役を持つことを人一倍重視しているからだ。

実際の会話はこうだった（カッコ内はそのときの上司の気持ち）。

（委員会に参加していると重要な日常業務がおろそかになる――彼女が自分からそう思えるように話をしよう）

上司「どう、仕事は予定通りに進んでる？　最近、忙しそうじゃない」

部下「締め切りにはすべて間に合っています。一件だけ遅れたものがありますが、これは機械の故障によるものでした。大変なことは大変ですが、みんな頑張っていると思います。家に帰ればくたくたですが」

（委員会での自分の立場をわからせよう）

上司「ところで、製品開発委員会のことなんだけど、委員会に出るのは時間の無駄だと思うことはないかしら」

部下「そうですね、実はときどきそう感じます。議論を聞いていて、自分の本来の仕事とは結びつかないのではと思うときがあります」

（普段の仕事はよくやっている、しかし委員会には必ずしも貢献していない。その点をわかってもらわなければ）

上司「実はね、あなたが委員会の最中にぼうっとしてるように見えることがあるの。やっぱり、自分の仕事が気になるんじゃないの」
部下「ええ、その通りです」
（彼女は自分の貢献度が低いことを認めている。悪い話を切り出すなら今だ。口論するのは避けたい。こちらから提案しよう）
上司「やっぱり、そうなのね。じゃ、あなたの専門知識が必要なときにだけ委員会に出席してもらうということにしない？　常任委員からは外れることになるけど、そのほうがあなたやあなたのチームのためになるんじゃないかしら」
部下「そうですね、もし資料や議事録の写しを今まで通りいただけるのであれば、そういうこともできると思います」
（プライドを傷付けてはいけないし、やる気を損なってもいけない。写しを渡すことにしよう）
上司「もちろん。写しはちゃんと渡すわ」

丸め込み戦術にはリスクがある。第一のリスクは、部下が上司の意図をなかなか見抜けない恐れがあること。第二のリスクは、部下が上司の意図を早々に見抜いて「それには乗らない」という態度を示す恐れがあることだ。この事例で言えば、「委員会に出るのは時間の無駄だと思うことはないかしら」と尋ねられたときに「とんでもない。とても勉強になります」と答えるのがそれにあたる。
また、委員会に残る理由が部下にある場合には、①上司が強い言葉を使うなどして議論がエスカレートし、部下のやる気を損なってしまう、②説得に失敗して委員会から外せないばかりか、部下との関係をも悪化させてしまう、③上司の決意が固いことを部下が察知し、抵抗を止める（その結果、やる気を失う）といった事態になることもあり得よう。

言い換えれば、第一のリスクは部下の「正しい答え」に期待しすぎていることにある。期待通りの答えが出てこなければ話をまとめるのは難しく、部下との関係が悪化する危険性がある。

第二のリスクは、上司が事実上嘘をついていることにある。上司は部下の話を聞こうという姿勢を見せながら、実は結論をすでに出しており、部下をそちらに誘導しようとしている。話の途中で部下がそのことに気づけば、ちゃんとした「議論」だとは思えなくなるだろうし、後で気づいた場合には、「上司は不誠実だ」と思うだろう。そうなれば、「他にも何か隠しているのではないか」と部下があれこれ疑い始めることもありえる。少なくとも、自分で決めたという意識は薄れてしまう。将棋の駒にされたような気分になるだろう。したがって、嘘をつくのはできるだけ避けるべきだと私たちは考えている。

ではなぜ、この上司は丸め込み戦術を選んだのか。それはこの前の事例と同様、フレームが「狭くて二者択一的、しかも固定化」されていたからだ。まず、部下が普段の仕事へのやる気を損なうことなく委員会の仕事を降りてくれれば「成功」だが、それ以外は「失敗」とみなしている。そして、話が進んでもその見方はまったく揺らいでいない。

この上司のフレームは、次のようなものだったと考えられる。

- 暗黙の基準：委員会に出席したら発言しなければならない。発言しないのなら、役目を果たしていることは言えない。

・部下は委員会に出てもあまり口を開かない。理由は定かでないが、やはり忙しすぎるのだろう。

・したがって、彼女には委員会から外れてもらう必要がある。

・ただ、彼女は肩書きをとても重視する。そこで、

・この件については一工夫しなければならない。

このように狭いフレームを使ったため、上司は有望な解決策をいくつも見落としている。たとえば、次のような見方も考えられただろう。

・委員会にあまり貢献していないことに、本人は気づいているのか。

・もし気づいているのなら、なぜ彼女は委員会でもっと発言しないのか（たとえば、彼女が発言できることを直属の上司である議長が話してしまっているのかもしれない）。

・彼女は委員会に喜んで参加しているのか。

・委員会に参加すると何か利益があるのか（たとえば、貢献はできないが勉強になるとか、上級幹部に顔を覚えてもらえるなど）。

・もし普段の仕事が忙しくて委員会への出席が負担になっているとしたら、彼女の他の仕事を軽くしてあげたほうが良いのではないか。

上司のフレームは最初から狭かった。丸め込み戦術を取ったのはもっぱらそのためだったと言えよう。もし「この部下は優秀だが、委員会でほとんど発言しない。普段の仕事や委員会の仕事、将来のキャリアプランなどについて直接話をして、そのうえで委員会の仕事が向いているかどうか検討してみよう」というフレームで臨んでいたら、上司は不安をあまり感じずにすんだだろうし、「勝つ」ことを目指した一方的なアプローチを取る必要もなかっただろう。

柔軟な対話とは

私たちは本章の前半で、上司が「できない部下」の成績向上に取り組みたがらないのは、コストに見合う成果が得られるかどうか疑問を感じるからだと指摘した。また、上司はストレスの多い状況に直面すると狭いフレームを使ってしまうこと、そのために話がエスカレートする危険性のある戦略を取る傾向もあることも紹介した。

では、上司は部下にフィードバックを与えるときにどんなフレームを用いるのだろうか。

まず、上司はフィードバックについて、部下の要請を受けて上司が与えるものだと考えている。また言葉には出さないが、上司は自分が持っているフィードバックは正しいと信じている。そのため、上司は次のようなフレームを形成することが多い。

- 部下のビルは期待通りの成績をあげていない。
- 理由は明白。スキルや性格の面で問題があるからだ。

- この件について本人と話し合いたいが、彼は気を悪くするかもしれない。傷つくかもしれないし、私は人を傷つけたくない。傷ついた彼が私に仕返しする可能性もある。
- それに、もしビルがフィードバックに反発したら、議論がエスカレートして状況がさらに悪化する危険性もある。
- したがって、ビルがフィードバックを受け入れるように伝え方を工夫しなければならない。といっても、ビルが私のフィードバックを聞いて成績を伸ばしてくれるかどうかは疑わしいのだが……。

例によって「狭くて二者択一的、しかも固定化された」フレームである。とくに、次のような疑問が抜け落ちていることは注目に値しよう。

- 「ビルは期待通りの成績をあげていない」というが、本当にそうだろうか。証拠はあるのか。そもそも、ビルのどこがいけないのか。
- 「理由は明白」だというが、自分が悪影響を与えている可能性はないのか。
- 「彼は気を悪くするかもしれない」というが、これも怪しい。おそらく、私との関係がギクシャクしていることはビル自身も感じている。話し合いたいと思っている可能性もあるだろう。ひょっとしたら、自分の欠点に気づいているものの、どうしてよいかわからないのかもしれない。
- 「ビルが私のフィードバックを聞いて成績を伸ばしてくれるかどうかは疑わしい」というが、絶対に伸ばせないという確信があるわけでもない。「失敗おぜん立て症候群」に陥ってしまえば大変だが、以前に比べれば症候群への対処法もわかっている。うまくやれば、ビルは大化けするかもしれない。

こうした問いかけを視野に入れると、フレームを次のように修正することができる。

「私はビルの成績に満足していないし、彼とは折り合いも悪い。たぶん、彼も同じように感じている。いや、彼の不安は私よりも強いかもしれない。おそらく、彼自身は現状を打破したいと思っている。少なくとも、私と同じくらいそう思っているだろう。つまり、私たちは同じ希望を持ちながらも、それを成し遂げられずにいることになる。それならば、腹を割って話し合えばよい。どうしてこうなったか、私には何ができるか、率直に話し合えばよいのだ」

このフレームは二者択一的でないし、狭くもない。非常に柔軟で、双方向のコミュニケーションを行うにはうってつけだ。これなら症候群の悪化を食い止めることができるかもしれない。

現状維持ほどリスクは高い

マネジャーは、「できない部下」との対話に踏み切るコストに敏感である。自分や部下の成績について語るときの不安、自分の行動を変えたり部下にコーチングを施したりするのにかかる時間やエネルギーなどがその主なところだ。実際、そうした努力が報われない恐れはあるし、周囲に誤ったシグナルを送ることもありえよう。「できない部下と対話などすれば、上司や同僚から甘すぎると批判されるかもしれない。それに、部下の成績が伸びるとは限らないし、私の評判も落ちる」というわけだ。

対話を通じて部下との関係改善に乗り出せば、かなりの時間とエネルギーが必要になる。だが実際には、対話をしない場合でも同じくらいの時間やエネルギーが必要になる。動かないことのコストは高いし、部下との関係は放っておいたらいつまでたっても改善されない。

ここが思案のしどころだ。上司には、「できない部下」を厳しく指導し続けるという選択肢もあるし、対話によって部下の成績向上や自立を促す選択肢もある。前者であれば部下の成績はさらに低下し、ますます目が離せなくなるだろう。後者であれば、学んだり自主的に動きたいという気持ちを部下に持たせ、上司の負担を減らす方向に導くことがポイントになるだろう。

私たちは基本的に、上司が「できない部下」のために特別に時間を割く必要はないと考えている。部下と過ごす時間の使い方さえ変えてやればよいからだ。

部下との対話を試みて失敗した上司は少なくない。だから、後ろ向きになる気持ちもよくわかる。しかし、その失敗にはちゃんと理由がある。第一に、「できない部下」は上司のフィードバックを受け入れたがらない。その策定過程や伝達方法がアンフェアだと思い込んでいるからだ。第二に、上司が対話に乗り出す場合でも、そのフレームは狭くて二者択一的であり、かつ固定化されていることが少なくない。部下を矯正しようといったアプローチであるため、警戒した部下が守りの姿勢に入ってしまうのだ。

フィードバックを与えるだけでは、症候群の進行は止まらない。これを止めるには、上司と部下が腹を割り、お互いの行動や意図について語り合うことが必要だ。第8章では、その実際の様子を紹介しよう。

第8章

「できない部下」が目覚めるきっかけ

拳なんか握っていたら、握手ができないじゃないか。

インディラ・ガンジー（インド第三代首相）

スティーブとジェフが陥ったワナ

上司と部下が陥る「失敗おぜん立て症候群」の症状と構図がわかったところで、次は症候群の進行を止める方法を具体例に沿ってみていくことにしよう。

スティーブは大手メーカーの工場に勤めるエネルギッシュな中間管理職。生産ラインを監視し、問題が生じればすぐに対応するのが仕事で、上司からも厚い信任を得ていた。

その功績を買われ、同じ工場にできた新しいラインの責任者になったが、その際に直属の上司がジェフという人物に替わった。つい最近入社したばかりのマネジャーだ。

ジェフは着任後、スティーブを何度か呼び、不良品として返品された製品について報告するよう求めた。新しい生産工程に関する知識を二人が早く蓄積することと、スティーブに根本原因分析の習慣を身に付けさせるのが目的だった。ただし、そういう目的があることはスティーブには伝えなかった。またジェフには、自分が業務を掌握していることを自分の上司に示したいという思惑もあった。そこで慎重に検討した結果、口頭ではなく書面で報告させることにした。そのほうがスティーブも時間を自由に使えるし、彼が予期せぬ質問に答えられず恥をかくこともなくなると考えたのだ。

そうした背景を知らないスティーブは面白くなかった。自分はラインの問題をちゃんと把握しているのに、どうして報告書など書かなければいけないのかと思ったのである。時間がなかったこと、上司に干渉されたくなかったことなどが重なって、スティーブは報告書の作成に身を入れなかった。

報告書は遅れがちで中身にもムラがあったため、ジェフはスティーブの能力を疑い始めた。そして少し強い調子で提出を求めたところ、スティーブはこれを「自分が信頼されていない証拠」だと解釈し、ジェフとの接触を避けるようになった。

その結果、ジェフは「スティーブは積極的に動こうとしないし、上司の助けがなければ仕事ができない」と確信するに至り、スティーブの仕事ぶりをいちいちチェックするようになった。スティーブは落胆し、新しいラインを担当して一年ほどで会社を辞めることまで考え始めた。

ジェフとスティーブは成績悪化の悪循環に見事にはまり込んでしまったが、その過程を振り返れば、ちょっと気をつけるだけでこうした事態は容易に回避できたことがわかるだろう。

まず、悪循環が始まるきっかけは、最初の数日間に生じた大きな誤解であった。ジェフがもう少し率直にスティーブに接し、報告書を書かせる理由を説明していれば、こんなことにはならなかっただろう。スティーブも、「妙に監視されているように感じるのですが、どうしてでしょう」と疑問をぶつけていればよかったのだ。

しかし、実際にはどちらも目先の不快感を嫌い、問題を先送りした。そして互いの意図を勘ぐり、関係を急速に悪化させてしまった。この悪循環は、両者の行動がおぜん立てした結果なのである。

ここまで来ると、関係修復は容易ではない。二人はこれから、どうすべきなのだろうか。

原因を自分に求めてみる勇気

問題解決の第一歩は、問題の存在を認識することだとよく言われるが、この事例ではとくにそうだ。「失敗おぜん立て症候群」は自己成就的かつ自己強化的であるため、上司の責任や心理学的メカニズムの果たす役割がわかりにくい。しかし、自分自身も問題の一部であると認識できれば、上司は心を開くことができ、問題解決の可能性を高めることができるだろう。

そうした認識を持つことができたら、次に必要なのは徹底的な準備である。この準備段階における目標は大きく分けて二つある。ひとつは、部下との対話のフレームを幅広く柔軟なものに作りかえること。狭くて固定化されたフレームを、第7章で紹介した次のようなフレームに変えるのだ。

「私はビルの成績に満足していないし、彼とは折り合いも悪い。たぶん、彼も同じように感じている。いや、彼の不安は私よりも強いかもしれない。おそらく、彼自身は現状を打破したいと思っている。少なくとも、私と同じくらいそう思っているだろう。つまり、私たちは同じ希望を持ちながらも、それを成し遂げられずにいることになる。それならば、腹を割って話し合えばよい。どうしてこうなったか、私には何ができるか、率直に話し合えばよいのだ」

幅広く柔軟なフレームを作るのは、上司の不安やストレスを軽減するためである。また、この対話の目的は、部下に重い負担を課す症候群の進行を止めることであるから、部下も心を開いて事態の改善に取り組むことが前提となる。さらに、上司は自分が症候群に加担していることを認めなければならない。もしそれを認めず、部下を矯正するという心構えで臨んだら、すべては失敗に終わるだろう。

準備段階のもうひとつの目標は、データを集める一方で、さまざまな見方を受け入れる姿勢を整えることだ。フィードバックの策定も伝達も、今回はフェアに行われていると部下に納得させるためである。

具体的に言うなら、上司は自分に質問をぶつけることにより、現実と感情をはっきり区別しなければならない。そして、裏付けとして用意したデータに部下が異論を唱えても慌てないように、部下の視点を受け入れる心の準備をしておかねばならない。自問自答によって事前に自分の思いこみをチェックしておけば、実際の対話の場で部下から意見されてもゆとりを持って対応できる。

それまでの部下との関係を振り返ることも必要だ。自分たちの関係は最初から険悪だったのか、それとも何かをきっかけに気まずくなってしまったのか。部下の成績はずっと悪かったのか。そもそも、自分が考えているほど悪いのだろうか。証拠はあるのか。部下は何が苦手なのか……。こうした問いに答えておかねばならない。

部下の視点から考えることも欠かせない。自分の問いかけに部下はどう反応するだろうか。おそらく、仕事量が多いとか資源が不足していると言うだろうが、単なる言い訳だと片づけてよいのだろうか。真実をついている可能性はないか。違う状況であれば、あるいは他の部下からの意見であればそうしたことをもっと好意的に評価しているのではないか……といった具合である。

部下が得意な分野を探すことも重要だ。組織に採用されたり、昇進したりしてきた以上、何か取り柄があるはずである。

自分自身の先入観も白日の下にさらす。「できない部下」のレッテルを貼った理由は成績だけか。他にも理由があったのではないか。ちょっとしたスランプを自分が長引かせてしまった可能性はないか。部下を信頼していないことが自分の動きや態度から透けて見えることはなかったか。現在の悪循環を断ち切り、事態を良い方向に持っていくにはどうすればよいか。ひとつずつ真摯に考えるのだ。

このように裁判の尋問を思わせるやり方でとことん考えることは、非常に重要な準備作業である。この作業を行えば、自分を守るメカニズムをチェックしたり、自分の認識から感情的な要素をある程度除去したりできる。同僚や配偶者など、自分の先入観をズバリ指摘できる人と予行演習をする手もあるだろう。

「自分はたいていのことはわかっている」と妙な自信を持ってしまったら、何かを学ぼうという気持ちは弱くなる。部下との対話も説教に変わってしまうだろう。しかし、それではいけない。何かを学ぶとは、自分が認識する因果関係に修正を迫るような事実を発見することなのである。

自分でとことん考えるのはつらい作業かもしれないが、本当につらいのはこの次の段階だろう。すなわち、部下の成績不振の一因は自分にあるのではないかと考える段階である。

これには勇気が必要だ。公平無私な態度や忍耐力、思い切りの良さも重要だろう。尻込みしたくなるかもしれないが、部下との関係修復には欠かせない学習過程である。

ところで、部下との対話にあたっては、物事をフェアに進めるという原則を常に意識する必要がある。「対話で好ましい結果が得られたか」ではなく、「この結果に至る過程はフェアだったか」に注意するということだ。この区別は重要である。多くの研究結果が示唆する通り、人間はある結果に至る過程がフェアであれば、その結果が自分にとって好ましくなくても受け入れる傾向があるからだ。第6章で紹介したエールフランスの事例はその好例である。

これまでに行われた研究によれば、人間はフェアかどうかを判断するにあたり、以下の五項目を考慮するようである。

- 自分の見解を聞いてもらえたか。自分の見解を考慮しようとする努力がなされたか。
- 決定事項やルールは一貫性を持って適用されたか。
- フィードバックを適切なタイミングで得られたか。
- 健全な事実と論法に基づいて意思決定がなされたか。
- コミュニケーションは十分に、かつ真摯に行われているか。

こうしたことを踏まえて、症候群の進行を止める健全で生産的な対話の方法を具体的に論じることにしよう。

部下との対話の六原則

第7章で論じたように、十分な準備がなければ部下との対話に取り組んでも成果は得られない。しっかり準備をしても、いざ本番となれば多少不快なこともあるだろうが、これはけっして悪いことではない。そのときには部下も同様な不快感を感じているだろうし、何より上司が人間であることの証にもなる。

とはいえ、お手本となる対話の台本を提示するのは困難であり、有害でもある。あまりにも詳細な計画を立てて対話に臨むと、部下の話を聞いたりその内容をリアルタイムで評価したりする作業がおろそかになってしまうからだ。

そこで私たちは、効果的な対話の特徴を六つの原則にまとめることにした。対話が成功するときには、おそらくこの六原則が満たされているだろう。ただ、必ずしも順番通りである必要はなく、一度の対話ですべてを満たす必要もない。対話をいったん中断し、時間をかけて話の内容を消化してから再開することがあってもよいだろう。

第一原則：対話の性格をはっきりさせ、その環境を整える

まず、上司のほうから、話をしたいから時間を取ってくれと伝える。何の予告もなく対話を始めるのはフェアでなく、効果的でもない。上司が数日かけて準備をするのであれば、部下にも数日の猶予

を与え、自分の考えをまとめさせたり証拠を集めさせたりしなければならない。「数日」と書いたが、あまり長いのは考え物だ。猶予期間が長いと、部下が余計な不安を抱く恐れがある。あるマネジャーはこう語っている。「大事な話があるので一週間後に時間を空けておいてくれ、と上司が伝えることがある。上司には好都合かもしれないが、部下にとっては最悪の一週間になるだろう」

したがって、一方的に怒られるのだと部下が思わないように、上司は細心の注意を払いながら対話を提案しなければならない。たとえば、「フィードバック」ではなく「意見交換」だと強調するとよい。前述したように、フィードバックという言葉には上司から部下への一方的な情報の流れというニュアンスがある。また成績のさえない部下はそうした場を何度も経験しているため、「また怒られるのか」と身構えてしまいがちだ。

具体的には、次の三点に気をつけるとよい。

第一に、成績だけでなく二人の関係についても話し合うこと、そして二人をひと組のペアとして考えた場合の成績にも目を向けることなどをはっきり示す。二人の関係がギクシャクしていることを認め、これを改善したいと伝えるのだ。第二に、現状を打破したいという強い気持ちを表に出し、力を合わせればそれができると明言する。第三に、本当の意味でオープンな対話を望んでいると強調する。そのためには、上司にも責任があることを率直に認め、フェアに話を進めるつもりだと話すべきだ。

また、対話のスケジュールが決まったら、それまでに次の点について考えておいてほしいと部下に提案してもよいだろう。

- 我々（上司と部下のペア）はうまくやっているか。コミュニケーションは取れているか。
- 君が担当する仕事のうち、最も簡単なのはどれか。最も楽しくできるのはどれか。難しいと思う仕事はどれか。
- 私はどの程度、君を助けていると思うか。私のせいでやりにくくなっている仕事はないか。
- 君の成績や私の成績、我々の成績、そして我々の関係を改善するために何かできることはないか。

対話する場所の選定も重要だ。場所と時間を選ぶのは上司の役目だが、部下が不安を感じないよう配慮すべきである。たとえばオフィスの外に出れば、普段の役割や決まり事からも自由になれるし、お互いを違った角度から見ることもできる。

第三者を同席させたいというマネジャーがいるが、これには注意を要する。一対一では不安だとか、正直かつ生産的な対話にしたいというのがその理由だが、第三者がいると公式の会合のような雰囲気になってしまう。人事部のスタッフが同席する場合はとくにそうだ。今後の人事評価や訴訟に備えているのかと思われてしまう恐れがある。

もっとも、第三者の支援を得てよかったと語るマネジャーもいるので、絶対に避けるべきだとは言えない。ケースバイケースで慎重に対応できればよいだろう。

第二原則：どんな問題があるかについて、上司と部下が同じ認識を持つ

すべての業務に秀でた従業員などいない。わざと低い成績を残す従業員もそう多くはないだろう。したがって、部下の長所や成長してきた面を指摘してやれば、短所の指摘にも信頼性が生まれる。対話にあたっては、部下のどの分野の成績が劣っているかについて話し合い、共通認識を得ることが非常に重要だ。

先ほど登場したスティーブとジェフの場合、ジェフが「証拠」を一生懸命集めていれば、スティーブが劣るのは報告書の提出頻度とその質だけであることがわかり、両者もそれで納得できただろう。

実際、購買担当ではあるが外国企業からの資材調達は苦手だとか、企業分析の得意なファンドマネジャーだが株式売買のタイミングをとらえるのが下手だといった話はよくある。成績向上や関係改善に取り組む前に、どの分野の成績が問題になっているか、双方が了解しておく必要があろう。

さきほど「証拠」という言葉を使ったが、上司が部下の短所を指摘するときは、事実やデータでそれを裏付けるべきである。「なんとなく」ではいけない。スティーブとジェフの事例でも、ジェフはどんな報告書を期待しているのか、スティーブの報告書には何が不足しているのか、はっきり伝える必要があった。

また、部下には反論したり自分の長所を強調する機会を与えるべきである。いや、そう奨励しなければならないだろう。両者が入手できる情報を駆使してどこにどんな問題があるかを探り、共通の認識を得ることが、この対話の目標のひとつであるからだ。

上司はさらに、部下が自分をアンフェアで偏っているとみなしたり、フィードバックを無視したり

しているのは、おそらく自分のせいであると考えておかねばならない。したがって、フィードバックを部下に受け入れてもらうには、今回はフィードバックを注意深く作成し、フェアなやり方で伝えているのだと部下に納得させなければならない。第7章で論じたように、フィードバックの策定過程がフェアであると納得させるには、重要な情報をすべて集めたり、部下の説明や弁明を聞いて真摯に検討したり、同じ判断基準を一貫して適用したりする必要がある。また、フィードバックの伝達方法がフェアであると納得させるには、部下を尊重したり、たとえ意見が食い違っても部下を支援する姿勢を見せたりすることが大切だ。

第三原則：成績が悪い原因について、上司と部下が同じ認識を持つ

成績の悪い分野を特定できたら、その原因を探る。仕事の段取りが下手なのか、同僚と一緒に働くのが苦手なのか、経験や知識が不足しているのか、仕事の優先順位について上司と部下で見解が異なるのではないかといった具合だ。

この段階で重要なのは、部下が上司の期待通りの成績をあげていない理由を探ることである。したがって、部下との関係が悪化しているのは残念だと上司が認めれば、部下は自分の気持ちを話しやすくなるだろう。そうなれば、「私のせいで事態が悪化したのだろうか」「私のせいで非常に大きなプレッシャーを感じることはないか」といった問いかけもできるだろうし、「実は、君が○○をすると私はいらだってしまうんだ」と本音で語ることもできるだろう。

こうした話をするときには、お互いの認識や解釈を明らかにしておく必要もある。誤解というもの

は、互いの意図を読み違えたために生じるケースが多いからだ。

たとえば、先ほどの事例のジェフならこう言えばよい。「頼んでおいた報告書が出てこなくなったとき、君は仕事にあまり積極的ではないのだと私は決めつけてしまったのだと思う」

すると、スティーブも自分の解釈を話すかもしれない。「ああ、それは違います。報告書に力を入れなかったのは、文書で出せと言われたからです。そこまで管理されるのはおかしいと思ったのです」

「なるほど。私は、突然呼び止めて説明してもらうよりも、文書で作ってもらったほうが君にとって好都合だと思ったのだ。そのほうが、報告書作りに時間を割けるだろうと思ったんだよ」。このように話していけば、お互いの視野が広がることになるだろう。

同様に、上司は自分が困っていることも部下に話すべきだろう。たとえば、「君のスキル向上につながる仕事が少ないことは承知している。だが、そうした仕事を回そうとすると、君はいい顔をしないことがある。たとえばこの前の……」とか、「たしかに、私は君の仕事ぶりを細かく観察している。信用されていないのかと疑われたかもしれないね。ただ、それには理由がある。君は、何か問題が生じても、それがかなり悪化してからでないと報告してこないことが多い。この間の◯◯の件もそうだった。だから私としては、君にいろいろ尋ねて聞き出すしかないわけだ」といった話し方が考えられる。

前述したように、部下は上司の行動や権限にも一定の制約があることを十分理解していない。部下のためになることをしたいのはやまやまだが、そうできないときもあることを部下にちゃんと話すべきだろう。

話がこの辺りまで進むと、部下が過去に受けた仕打ちに言及することもあり得よう。上司にとってはつらい場面だが、部下にとっては非常に重要な場面だ。上司は次の三点を心がけながら、部下の不満にじっと耳を傾けなければならない。

第一に、部下の胸のつかえが取れるように、自由に話をさせる。愚痴をこぼしても問題は解決されないが、部下の気持ちは楽になる。

第二に、話を聞けば部下の感受性も理解しやすくなる。人間は些細なことで傷つくことがあるが、部下にもそういう傾向があるかどうか、上司は貴重な情報を得ることになろう。

第三に、部下の不平を聞けば、自分の過去の過ちを認めて謝ったり、そういうつもりではなかったと弁明したり、それまでの経緯を説明したりできる。過去はもう直しようがないから話す必要もないと考えてしまいがちだが、どうしてそうしたかを語ったり、わざとではなかったが申し訳なかったと謝罪したりすることはできるはずだ。

普通の病気では、医師が主な症状をすべて考慮して処方箋を書く。患者はそれをおとなしく受け取るだけだ。しかし「失敗おぜん立て症候群」では、当事者である上司と部下が一緒になって根っこにある問題を探し、治療法を見つけなければならない。

●部下が自分の短所に気づいていない場合

私たちはここまで、部下が自分の長所と短所を真剣に考えてくれることを前提に議論を進めてきた。しかし、この前提が満たされないときがないわけではない。私たちは症候群の研究過程で、自分は完璧であり改善する部分などないと信じる人に何度か出会ったことがある。

もっとも、それは短所があることを単に知らないだけであることも多い。過去の上司が短所の指摘というやっかいな作業を避けてきたために起きる現象だ。そういう部下は、マイナス評価のフィードバックをされるとショックを受け、個人攻撃だと反発したくなるかもしれない。

こうした状況を一気に改善する魔法の薬は存在しないが、アドバイスなら三つほどある。

第一のアドバイスは、データや証拠をそろえること。対話に臨む上司に準備作業が欠かせないことはすでに述べた通りだが、このケースでは部下が反発する恐れが強いため、その必要性がとくに高い。

第二のアドバイスは、部下が置かれた立場に理解を示すことである。そこから対話を始めたいと思う上司もいるかもしれない。たとえば、成績不振の原因を過去の上司が誰も指摘してこなかった部下の場合、まずそのことを認識してやる必要があろう。

コミュニケーションの専門家、ホリー・ウィークス氏はある論文で、下品な冗談ばかり飛ばす部下とその上司の事例を取り上げていた。この部下の冗談は同僚の仕事にも悪影響を及ぼしており、次第に疎まれるようになっていたが、誰もそのことを指摘しなかった。ウィークス氏は上司に対し、次のように話しかけるようアドバイスしたという。

「なあ、ジェレミー。言いにくいことなんだが、仕事の質が落ちてるぞ。みんなもそれに気づいているんだが、そのことを君に話すとユーモアの切れ味が悪くなるんじゃないかって、遠慮してるんだ。まあ、私にも責任の一端はある。今日の今日まで、この件で君と率直に話し合おうとしてこなかったからな。長い間一緒に働いてきた仲間だから、なかなか切り出せなかったんだ」

上司は部下の気分を害さないような、しかも言いたいことを率直に伝えられる言葉を選ばなければならない。すなわち、相手が苦しい立場にあることを理解していると伝えること、そして以前の上司と今の上司である自分にも責任があることを認めることが必要だ。

最後にもうひとつ。私たちは先ほど、部下との対話をいったん中断してしばらくしてから再開する手もあると書いたが、部下が上司の提案や証拠の内容を見てひどく驚いてしまいそうな場合はとくにそうだと言える。情報を消化する時間を与え、しばらくしてから「これからどうすべきか」「どうすればこの事態を改善できるか」といったテーマで議論するほうが得策かもしれない。

第四原則：成績目標と今後の二人の関係について契約書を作る

普通の病気なら処方された薬を飲むだけで治るが、「失敗おぜん立て症候群」はそうはいかない。普段の行動を変えたり高度なスキルを身に付けたりするのは、時間もかかるし容易なことではないからだ。また、上司と部下が協力してお互いの失敗に対処する必要もある。

具体的には、スキルや知識の高め方、人間関係の改善法などを話し合って決めなければならない。いつまでにどんな成果を目指すかも、具体的に決めるべきである。

しばらくしても改善が見られないときは、まず二人の診断に誤りがないかを疑う。上司や部下が合意した治療法を実行できずにいる可能性も検討する。いずれにしても、経過を常にチェックすることが重要だ。

チェックの方法も二人で話し合って決める。それには、上司が部下を「どの程度」、そして「どんな形で」監督するかを明確にする必要がある。もちろん、過度な監督は禁物だ。しかし、上司は治療に役立つアイデアや資源を持っており、部下が知らないことも知っている。何が起こっているか自分の上司に知らせる義務も負っている。部下の自主性を損ねない範囲で監督すべきだろう。

部下を信頼して何もかも任せることと、責任を放棄することは別物だ。上司である以上、部下の働きをチェックしたり口を出したりすることは認められる。部下の能力に限界があるときなどはとくにそうだ。また、部下の能力開発を支援することが目標であれば、部下は上司の介入を受け入れるし、歓迎する場合もあるだろう。問題が生じるのは、過度なチェックがいつまでも続くように思われるときなのである。

第五原則：対話をきっかけに率直なコミュニケーションを心がける

症候群の治療法を決めたら、症候群に再び陥らないための対策も探さねばならない。

まず重要なのは、両者が決めたことをちゃんと実行することだ。部下は結果を出すよう努力し、上司は選択的な観察や記憶をやめなければならない。また第4章で述べたように、上司は部下の行動やその結果を自分の期待に合うように解釈することがあるが、そういうバイアスが入り込まないように気をつけなければならない。関係改善のためには、部下の手柄をちゃんと評価する必要があろう。

上司が行動を改める方法については、第10章で詳しく述べる。ただ、手始めとして有効なのはお互いにチェックし合うことだ。

たとえば、対話の最後に上司から「私がこんど、君にはあまり期待していないんだよというシグナルを出していたら、すぐに指摘してくれないか」と頼む。そうすれば部下も「ではこんど私が、部長をイライラさせる行動を取ったら、同じように教えて下さいますか」と言ってくるかもしれない（そうなるのが望ましい）。シンプルなやりとりだが、両者が率直に話し合える関係を築くのに役立つだろう。

第六原則：上司が契約の履行状況を最後までチェックする

上司は部下の評価や対話をフェアに進めなければならないが、それは期待する成績のレベルを下げるとか何事にも寛大になるということではない。上司と部下は現状を打破すること、行動を起こすこと、所定の日までに一定の成績を収めることなどで合意して契約を交わすのである。

よって、上司はその「契約期間」中に活発なコミュニケーションが行われるよう留意しなければならない。また契約の履行状況を部下と一緒に振り返り、契約の一部については完了したと言えるようにしなければならない。

得られた成果の評価について両者が合意できるように、契約には具体的な目標を盛り込むのが望ましい。契約期間中のコミュニケーションも効果的に行いたい。物事をフェアに進めれば、部下も自分の力を正直に評価するだろう。

しかし、成果の判断とそれに基づく行動の責任は、最終的には上司が負う。場合によっては配置転換や解雇を決めることもありえよう。もっとも、この取り組みの結果だけで解雇を決められるわけではない。そのときの景気や会社の業績、部下のスキルなども考慮すべきだろう（他の部署で活かせる技能があるかもしれない）。

成否を分けるポイント

こうした取り組みが成功すれば、その成果は主に、部下の成績の向上と二人の関係の改善という二面で得られることになるだろう。

成功するか否かは、両者の対話の質や決意の固さ、それまでの関係悪化の程度などにも左右される。したがって、何をどこまでやればどの程度の確率でどんな成果が得られるかを予測することはできない。

しかし、その成果が何であれ、上司は何らかの利益を得られるだろう。すべてが順調に運べばコーチングや業務の見直しが行われることになり、部下の成績は向上して二人の関係も改善する。症候群がもたらしていた負担も消える。少なくとも、大幅に軽くなるだろう。

まれではあるが、部下の成績だけが向上して二人の関係は改善しないケースもある。たしかに、人間だからどうしてもそりが合わないこともあるだろう。

しかし職場での関係、すなわち互いを尊重するとか信頼するとか、率直にものを言い合うという関係に話を限れば、成績は向上したが関係はまったく改善しないという事態は想像しがたい。上司が部下への期待を明確に語り、部下の話に耳を傾け、成績向上を支援するとなれば、部下の尊敬を得ないほうがおかしいだろう。

したがって、関係改善が見られないとすれば、それは部下が上司の姿勢を誤解しているか、心から賛同していないために、単に行動を抑制しただけに終わった場合だろう。部下は自分の身を守るためにとりあえず上司の提案を受け入れた、上司の目には成績があがったように見えるが、お互いを信頼するには至っておらず、双方向のコミュニケーションもなされていないという状態だ。だがその場合でも、上司の監視の目は弱まったため、部下のストレスは軽減されているだろう。両者の関係も、何とか耐えられる程度にまで改善しているはずだ。

部下の成績は少ししか向上しないが、両者の関係は生産的になるというパターンはあり得る。部下の得意な分野と不得意な分野について両者の理解が深まり、状況を改善しようとする意欲が湧く状態だ。部下の長所や短所に合った仕事を二人で一緒に探すこともあるだろう。その結果、仕事の内容を変えたり、他の部署に配置転換したり、部下の方から他の会社に移ると言い出したりすることもあるだろう。

すべてが順調に運ぶ場合にくらべれば見劣りするが、このパターンでもそれなりの成果はあがっている。関係改善により上司と部下、そして部下の同僚らのストレスが軽減されているからだ。配置転換で部下が真の実力を発揮したり、別の従業員がそのポストに新たに就くことで成績をあげたりする可能性もあるだろう。

「失敗おぜん立て症候群」は不治の病ではない。これを治療するには、まず上司が問題の存在を認識し、自分もそこに加担していた可能性を認めること、そして入念に準備した上で部下との対話を始めることが重要だ。そのためには部下の成績不振の証拠、その原因、二人が共同で負うべき責任などについて上司と部下が率直に意見を交換し、問題への対処や今後の関係のあり方について共同で意思決定を行う必要がある。

症候群を治療するには、自分の考え方を見直さなければならない。他人に責任をなすりつけたりせず、自分の中に原因や解決策を探る勇気も必要だ。症状が一気に軽くなる特効薬は存在しない。しかし、これから紹介するスティーブとジェフの事例を読めば、どうすれば実りある対話が行えるか、そして根本原因分析はどう行えばいいのか、ある程度イメージが湧くことだろう。

ケーススタディ：和解をめざすスティーブとジェフ

では、こうした議論を踏まえた上で、先ほど登場したスティーブとジェフならどんな対話ができるかをみていこう。

まず、ジェフは次の三点を念頭に置いて動くべきだろう。

①スティーブとの関係がギクシャクしていることを認め、そのことについて語る。
②具体的な問題（返品に関する報告書の質）について対策を講じる。
③同じ問題が二度と発生しないようにする（そのためには「なぜこうなったか」を解き明かす必要がある）。

ジェフが最初にやらねばならないのは、対話の場所の選定だ。前述したように、オフィスは好ましくない。不愉快な会話を交わした思い出が蘇ることがあるからだ。仕事とはあまり関係なく、堅苦しくない場所がよいだろう。

場所が決まったら、ジェフは次のように切り出せるだろう。

「ちょっと話したいことがあるんだけど、いいかな……。私たちは一緒に働くようになって一年近くになる。でも、たぶんわかっているだろうが、あまりうまくいってない。それに、私は正直言って、君の働きぶりに少し不満がある。この問題が我々二人の関係をギクシャクさせているし、十分にコミュニケーションを取れない原因になっていると思うんだ」

この段階では、スティーブもおそらく警戒している。「ほら、また始まった」と思うかもしれないが、ジェフはかまわず続ける。

「でも、最近になって思うんだが、その責任は私にもあるような気がする。だから、どうすれば君と私がこの状況から抜け出せるか、一度じっくり話がしたい。一緒に考えて頑張れば、二人の関係も改善できて、君の成績も上がるんじゃないかと思うんだよ。どうだろう、今日か明日、仕事が終わってからカフェテリアかどこかで話せないかな」

約束の時間になり、二人は工場のカフェテリアの席についた。ジェフは先ほどの話の続きを語り始める。

「この一年間、私は何度か君にフィードバックした。でも、こうして腰を落ち着けて仕事のやり方について話し合うことはなかった。今日はそれをじっくり話し合いたいと思う。

まず、二人の関係についてなんだが、君がどう思っているかわからないけど、とりあえず私の考えを話そう。

基本的に、私はこのギクシャクした関係がかなり気になっている。私が何かをお願いしても、君はすぐにやってくれないことがある。だからついイライラして、怒ったりつらく当たったりしていると思う。でも、それは、本意じゃない。君を怒ったりイヤミを言ったりしたくはないんだ。もうちょっとお互いうまくやって、もう少し楽しくコミュニケーションを取りたいと思っている。どうだろう。君と私の仲がギクシャクしていると思っているのは、私だけだろうか。

それから、私は君の行動を見ていてイライラすることがある。でも、たぶん、君も私の行動を見ていてイライラすることがあると思う。だから、それについても今から話し合いたい。いいかな」

自分自身の行動についても話し合うと明言してから、ジェフはスティーブの成績に話を移す。ただし、その出だしには注意が必要だ。

「私が言いたいことを一方的にしゃべるのは良くないと思う。今日は、思っていることをお互いに口に出す議論にしたい。だから、私の行動にも問題があると思っていたら、率直にそう言ってくれるとありがたい。

私が一番気にしているのは不良品として返品されてきた製品のこと。そういう返品についていつ、どうやって調べるかということだ。

以前、原因を調べて定期的に報告書を提出してほしいと君に頼んだ。でも私に言わせれば、あまりいい出来じゃない。提出までの時間もかなり長いし、原因の分析も、少なくとも私が見る限りでは、表面的なものに終わっている。どうしてそう思うのか、詳しく話してもいいんだけれど、その前にひとつ聞いておきたい。私のこの評価はアンフェアだと思うかい？　そもそも、君はあの報告書で満足しているのかな。それとも、私の知らないところで独自に分析しているのかな」

このように話を進めるなら、ジェフは報告書の出来が悪いという具体例や証拠をあらかじめ用意しておく必要があろう。また、議論をフェアなものにするために、この問題について考えたり資料を集めたりする時間をスティーブに与える心構えも必要だろう。

上司は何をどう話せばいいのか

ここでスティーブが取りうる態度は二種類ある。報告書は立派なものだと主張するか、不出来であると認めるかの二種類だ。図8－1は、二人が置かれた状況の根本原因分析を見やすくまとめたものである。

もしスティーブが「報告書は立派に書けている」と主張するなら、なぜあのような行動を取ったかが議論のポイントになるだろう。ジェフはこれまで、報告書の質が低いのはスティーブにやる気がないからであり、その原因は努力不足か時間管理のまずさにあると考えていた。しかし、理由は他にも考えられる。たとえば、①ジェフの思い違い。報告書の質は高い、②スティーブは報告書の上手な書き方を知らない（分析はちゃんとなされているが、そのことがジェフに伝わっていない）、③スティーブは分析方法を知らない、といった具合である。

ここで注目すべきは、三つともスティーブの努力不足や時間管理のまずさとは無関係であることだ。よって、ジェフは自分の見方を変えるか（①の場合）、スティーブの報告書作成能力や分析能力の向上を支援すればよいことになる。

では、報告書が不出来であることをスティーブが認めた場合はどうなるか。ジェフは次のように話を進められるだろう。


「そうか。だとすると、君が不出来であると知りながら報告書を提出してきた理由は二つ考えられるね。他にもあるかもしれないが、とりあえず私が思いつくのは二つだけだ。

ひとつは、品質不良の返品が生じた根本原因を探ることはあまりいいアイデアではないし、時間の無駄だというもの。もうひとつは、いいアイデアだが私のために報告書を書くのは面倒だというものだ。さて、実際のところ、君はどう思っているんだろう」

図 8-1　根本原因の分析（スティーブの場合）

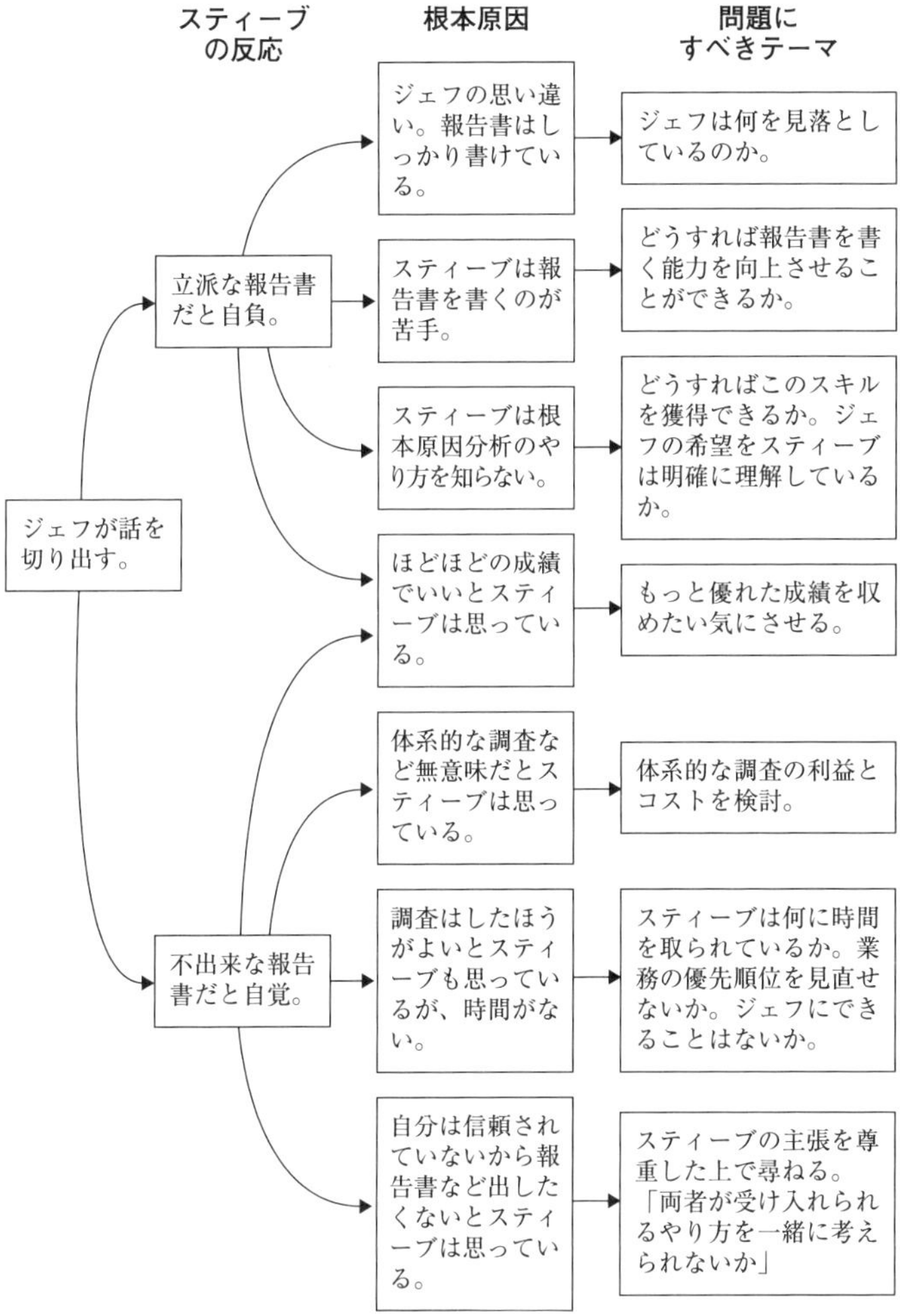
スティーブの反応
根本原因
問題にすべきテーマ
ジェフが話を切り出す。

立派な報告書だと自負。

不出来な報告書だと自覚。

ジェフの思い違い。報告書はしっかり書けている。

ジェフは何を見落としているのか。

スティーブは報告書を書くのが苦手。

どうすれば報告書を書く能力を向上させることができるか。

スティーブは根本原因分析のやり方を知らない。

どうすればこのスキルを獲得できるか。ジェフの希望をスティーブは明確に理解しているか。

ほどほどの成績でいいとスティーブは思っている。

もっと優れた成績を収めたい気にさせる。

体系的な調査など無意味だとスティーブは思っている。

体系的な調査の利益とコストを検討。

調査はしたほうがよいとスティーブも思っているが、時間がない。

スティーブは何に時間を取られているか。業務の優先順位を見直せないか。ジェフにできることはないか。

自分は信頼されていないから報告書など出したくないとスティーブは思っている。

スティーブの主張を尊重した上で尋ねる。「両者が受け入れられるやり方を一緒に考えられないか」

この時点で、対話は少なくとも三方向のどれかに進む可能性がある。

第一に、スティーブは返品調査の重要性をあまり認識していないかもしれない。この場合は、ジェフが資料やデータを示しながらその重要性を説く一方で、スティーブが重要でないと考えるに至った理由を聞き出すとよいだろう。

第二に、スティーブは返品調査の重要性を認識しているが、その時間をひねり出せないのかもしれない。もしそうなら、話題はスティーブの時間配分に移るだろう。どんな仕事に時間をかけているか、どの仕事なら部下に任せられるか、ジェフに支援できることはないかなどについて話すのだ。働き方や就業時間に話が及ぶこともあり得よう。

第三に、スティーブは返品調査をちゃんとやっているが、ジェフに報告するのが嫌なのかもしれない。報告書の提出を遅らせたり手を抜いたりするという「消極的抵抗」を試みているのだ。この場合も、第一の可能性のときと同様に、調査は重要だという自説を展開しながらスティーブの意見を聞き出すとよいだろう。

●自説を展開する

「報告書を書いてほしいと思った理由は二つある。ひとつは、何がどうなっているか私が知っておかねばならないから。私の上司がね、ものすごく細かい質問をしてくることがあるんだ。もうひとつは、君が忙しいことはわかっていたんだが、報告書を書かせれば調査をもっと体系的にやってくれるかもしれないと思ったから。そうすれば、君も仕事の優先順位を見直せるだろうと思ったんだ」

「私に報告書を出しにくいのはなぜなんだろう。時間がかかるからかな。それとも、何だか信用されてないように思えるのかな」

●意見を聞く

このように、意見を聞く一方で自説を展開することは、ジェフにとって重要な意味を持つ。この対話の目的は、「スティーブ、私は君を一〇〇%信頼しているよ」と伝えることではないからだ。本当にそう思っているのならともかく、嘘はつくべきでない。ついてもいずれ見破られるだけである。それよりも、スティーブがわざと報告書を提出しなかったなど相応の理由があれば、ジェフはそのことに言及し、困っているとはっきり告げるべきである。

もちろん、スティーブの言い分に耳を傾けることも必要だ。「自分が信用されていないように思える」とスティーブが言うのであれば、その理由を聞き出すべきである。この対話の目的は、双方が受け入れられる解決策を導くことにある。つまり、スティーブが自主性を十分に発揮できると思えるような、そしてジェフが必要な情報を入手でき、返品調査が適切に行われていると自信を持って言えるような対策を見つけることにあるのだ。

どうしてこんな回りくどいことをするのかと読者は思うかもしれない。ジェフは上司なのだからもっと厳しく詰問してよいし、言う通りにしないのなら減給などの処分を科してもいいと思うかもしれない。

　そうした手法は短期的には効果があるだろう。しかし、このギクシャクした人間関係を何とかしたい、対話することで協力しあえる体制を作り、将来問題が持ち上がっても一緒に対処できるようにしておきたいというジェフの希望はかなえられないだろう。この「協力体制」を作ることについては、対話が終わりに近づいたころにスティーブに切り出してもよいだろう。

　ここから先は、スティーブがジェフに非協力的な行動を取った本当の理由によって話の進め方が変わるが、ここでは「調査はちゃんと行っているが報告することが負担だった」という理由だったと仮定しよう。その場合、ジェフは次のように話を進められるだろう。


「なるほど、それでよくわかった。いやあ、話が聞けてよかった。これで対策が立てられる。ありがとう。

　ついでといってはなんだが、君にもうひとつ提案がある。実は、将来もし同じようなことが起こったら、もっと早く見つけて対処したいと思っているんだ。

　今回の出来事は、まとめるとしたらこういうことだ。まず、返品について調べて報告するよう私が君に頼んだ。ところが私は報告書の出来映えに満足できず、君は報告書など書きたくないのだろうと想像した。それではいけないと思って君にプレッシャーをかけたが、そのプレッシャーが私たちの関係の悪化につながっていった。

　だから、私が君の仕事ぶりを見て気に入らないことがあったとしても、こんどは早とちりせず、何かあったのかと私のほうから聞くようにしよう。そして君も、私の言うことやお願いしたことに気になるところがあったら、それはおかしいと指摘してほしい。そうやってその都度議論していけば、話がこじれて困ることもなくなると思うんだ」

前述したように、対話が終わった後もジェフは人間関係や自分の行動、スティーブの成績などを観察していかねばならない。うまくいけば、スティーブの仕事ぶりは目に見えて良くなるだろう。スティーブにマイナスの影響を与えていた当初の誤解がとけたからである。

なお、スティーブよりも技能や士気で劣る部下であれば、根本原因は技能の低さや努力不足にあるかもしれない。その場合は、話し合って合意した対策を実行し、しばらくしてからその成果を二人で一緒に振り返るとよいだろう。

部下がほんとうの怠け者だったら

スティーブはやる気のあるマネジャーだったが、そうでないマネジャーもいる。たとえば、これまで頑張りすぎて疲れてしまったとか、家庭に問題を抱えており身が入らないといった場合だ。いずれも一時的な要因によるもので治療が可能なケースである。

一方、治療できないケースもある。「自分は職場で評価されなくてもいい」と本気で思っていたり、自分の短所を認識できなかったりする場合がそれにあたる。また、中には変わりたくないという本心を隠したり、変わろうと努力するうちに「自分にはできない」と思ってしまう部下もいる。

では、自ら努力しようとせず、人間関係も成績も改善できない部下にはどう対処すればよいのか。答えは二つ考えられる。ひとつは、最低限の仕事ができるのならそれでよい、従業員には自分の能力開発を拒む権利もあるというものだ。たしかに、全員がCEOに昇格できるわけではないから、今のレベルの仕事をこなせば満足という従業員がいてもよいだろう。

もうひとつの答えは、求められる仕事のレベルは絶えず上昇しており、怠けることは許されないというものだ。数年前なら素晴らしいとされた企業のサービスでも、今日では当たり前だと言われてしまうことが少なくないが、おそらく同じことが個人にも言えるだろう。

私たちは後者の答えを支持している。第6章で論じたように、ひとりの態度はその上司や同僚、部下にも何らかの影響を及ぼす。厳しい競争にさらされている企業は、優秀な従業員が結束して優れた仕事をしなければ生き残れないし、従業員は優秀であり続けるために絶えず自分を磨かねばならない。今日のスキルで満足していてはダメなのだ。

したがって、リーダーは従業員のスキルアップや自信の獲得をしっかり支援しなければならない。またその過程はできるだけフェアでなければならず、「できない」とみなされた部下を支援するために自分の行動も変えなければならない。部下のスキルや能力にあわせて仕事の内容を組み替えることも重要だろう。

そうした努力にもかかわらず、従業員が十分なスキルの獲得に意欲を示さない（またはスキルアップができない）ときは、上司が決断を下さねばならない。他の部署で能力を発揮してもらうか、他の会社に移ってもらう必要があろう。容易なことではないが、上司がその部下にフェアに接し、かつチャンスも与えているのであれば、当人はともかく周囲の人は納得してくれるに違いない。

向上心のない真の「なまけもの」はそう多くはないと私たちは考える。これまでの経験からも、上司からちゃんとした扱いを受ければ、大部分の部下はよい仕事をしたいと思うようになる。正面から向き合って率直に話をし、チャンスを与え、自分にも責任があることを認めれば、上司が失望することはまずあるまい。

ただ、上司の努力にもかかわらず、低いレベルに安住してしまう部下もいる。愚痴をこぼすことも多い彼らをそのまま置いておくことは組織のためにならないし、長期的には本人のためにもならないだろう。

部下から行動を起こすには

私たちは第6章で、部下が上司との対話を始めたくてもできないことが多いと指摘し、その理由を解説した。しかし、解決事例がまったくないわけではない。

本書の読者はおそらく上司でもあり部下でもあると考え、これまではもっぱら上司の視点から議論してきたが、ここでは「失敗おぜん立て症候群」に陥ったと感じている部下がどんな行動を起こせるかを考えてみたい。

まず、「メンター」と呼べる人や職場の先輩など、上司に話ができる人に相談するとよいだろう。あるいは、他の部署にいたときに仲の良かった上司でもよい。いろいろ相談に乗ってくれるだろうし、現在の上司にもこっそり声をかけてくれるかもしれない。対話をおぜん立てしてくれる可能性もあるだろう。

そうした第三者の支援が得られなければ、自分でやるしかない。しかし、それには準備が必要だ。計画を立てないことは、それこそ自らの失敗を計画しているようなものである。準備にあたっては次の四点を心がけたい。

• 自分のこれまでの仕事を見直し、整理する

自分でコントロールできるものに的を絞ることが大事であるため、まず自分の仕事を見直す。自分は最近こんな努力をしているとか、こんな成果があげられそうだといったことを提示できれば、説得力が増すだろう。

• 自分の頭の中を整理する

対話に臨むにあたって準備しておく必要がある。具体的には、上司が持つ権限では何ができて何ができないか、上司は普段どんなプレッシャーにさらされているかを想像することが考えられる。また自分が過去に経験した理不尽な扱いを振り返り、自分の思い過ごしがそこに含まれていないか考える。異なる上司観を持つ仲間、たとえば内集団に属する同僚の話を聞くのもよい。分析を深めれば深めるほど、解決に至る道も増えるだろう。

• 上司が対話に応じやすいよう配慮する

上司が時間に追われていないとき、機嫌の悪くない頃合いを見計らって話を切り出す。待ち伏せしたような印象を与えてはいけないし、上司は嫌がるはずだと思い込むのもいけない。上司も同じように悩んでいるが、話の切り出し方がわからなかった可能性もある。

• 焦らない

たとえ上司が前向きであっても、話を切り出したその場で対話に入ってはいけない。頭の中を整理する時間を上司にも与えるべきである。もちろん、何について話したいかは上司にちゃんと伝えよう。

上司に理解を促す方法

私たちは、多数のマネジャーの協力を得て、部下から上司に話を切り出すときのシナリオを練ろうとした。難しいのはやはり、上司にも責任があると指摘する場面だった。上司は症候群の知識を持っておらず、自分が部下の成績不振に加担したとは夢にも思っていない可能性があるからだ。

したがって、対話をしたいと部下から切り出すときには、部下の成績と両者との関係という二点に話題を絞り込むとよいだろう。たとえば、次のような具合である。

「部長もたぶん感じてらっしゃることでしょうが、私は、部長と私の関係がギクシャクしているように感じています。それに、私は部長が期待する成績をあげていないかもしれないと考えています。正直申しまして、私自身も今の成績には満足しておりません。このままではいけないと思っています。そこでお願いがあるのですが、私はどうすれば成績を上げられるか、そしてどうすれば部長との関係を改善できるのか、お知恵を拝借したいのです。関係を改善すれば私の成績も上がり、チームの成績も上がると思うのです。恐縮ですが、明日か明後日、お時間を取っていただけないでしょうか」

この対話の目的は、この章で論じた上司から部下に対話を呼びかけた場合と同じである。ただ今回の対話では、上司の認識がおそらく十分ではない。自分が問題を悪化させているとか、上司と部下が一緒になって行動しないと解決できないとは思っていない可能性があるだろう。そのため、対話にあたっては以下の点に気をつける。

• まず、上司のためになることに的を絞る

この対話は上司の発案でないため、上司が悪循環に加担していることをいきなり指摘するのは得策でない。とりあえず、上司のためになることから始めるべきだろう。「部長は、私の仕事ぶりや日頃の行動にご不満がおありのようですね。いったいどこに問題があるのか、私の仕事ぶりや行動の仕方のどこを直せばよいのか、よかったらお聞かせ願えませんか。私もある程度はわかっているつもりですが、やはり部長におうかがいしたいのです」

• 行き詰まってもくじけない

自分の感情を常にチェックする。行き詰まったときには、いらだちを表に出してはまずいので、対話を中断して考える時間を持つとよい。お互いの違いを消化する機会を持てば、生産性の高い対話を再開できるだろう。

- 相手の恐怖感に配慮する

上司が何を恐れているか、そして上司の上司が何を心配しているか把握する。そうすれば、上司の気分を害さないように振る舞うことができる。

- タイミングに留意しながら、上司にも責任があることを指摘する

上司の話を一通り聞き、それについて議論したら、部下の成績不振の一因は上司の行動にもあることを指摘する。たとえば、上司からもらったアドバイスを実行に移すには上司にも行動を変えてもらわねばならないという論法がある。例をあげよう。

「もっと部下に権限を与えろとのお話ですが、今のままでは難しいと思います。私自身があまり権限を与えられていないからです」

「部下を四六時中監視するのは良くないというお話はごもっともですが、そうせざるを得ないのです。部長はよく、廊下ですれ違ったときでも私にいろいろ質問なさるでしょう。その都度ちゃんとお答えできるようにするには、普段から部下に聞いておかねばなりません」

ただ、このアプローチには欠点がある。「自分に責任を転嫁しようとしている」と上司に思われか

ねないのだ。

そこで私たちは、もうひとつのアプローチをお勧めしたい。まず、部下の働きぶりに関する上司の希望を三つに要約してみせる。

「わかりました。では、その三点について努力したいと思います。そこで、お願いがあるのですが、私がその三点を実行するのを支援していただけませんか。たとえば、部下への権限委譲についてですが、私への指示の仕方を少し変えていただくことはできないでしょうか。つまり、『何をいつまでにどうするか、なぜそうするか』という点はこれまでよりも詳しく、そして『どのようにやるか』という点はこれまでよりも大まかに指示していただきたいのです。そうすれば、仕事のやり方について部下と幅のある議論ができますし、部下が取りうる選択肢も増えるからです」

上司から十分信頼されていないと感じているなら、次のような話し方ができるだろう。

「実は、自分は部長からあまり信頼されていないのではないかと感じることが時々あります。仕事がちゃんと進んでいるかどうか、上司として確かめる必要があることは理解しているつもりですが、それでも、信頼されていないのかと思えるような出来事があると、正直がっかりしてしまいます。たとえば……」

すでに述べたように、部下がやる気をなくすように働きかける上司はほとんどいない。大多数の上司はやる気を引き出そうと頑張っている。部下のほうから「改善したいのでご指導を」と切り出せば上司も一緒に考えてくれるだろうし、その結果として自分の問題点に気づきやすくなるだろう。また、過去ではなく将来に着目する前向きなフレームを作って臨めば、「過去のミスを責められる」という恐怖感を上司に与えずにすむだろう。

このように実行可能な計画を作り、両者で合意し、部下への信頼と両者の関係を立て直す足場とすれば、あとは計画をしっかり実行するのみだ。うまくいけば、上司も自分の行動を変えることができるだろう。ただ、以下の点にも気をつけたい。

- 優先順位をつける

上司の期待に応えられるよう、目標を定める。

- コミュニケーションを密に

目標を達成したら、そのたびに上司に報告する。自分の評価をちゃんと上げてもらえるよう、定期的に上司と面談する。そうするうちに、上司の信頼も得られるだろう。

- 同僚との付き合い方を調整する

上司を敵視するのを止める。上司を敵視する同僚との付き合いも止める。付き合いを止められないときは、上司の話をしないこと。

- 頑張る

行き過ぎは禁物だが、自信を失わないよう頑張る。よく言われることだが、人から信頼を得るためには、仕事を引き受けるときには控えめに引き受け、十二分のエネルギーを注ぎ込んで期待された以上の成果をあげるとよい。いったん失った信頼を取り戻したいときにも同じことが言える。

兆候をいち早くキャッチする

このように、対話によって症候群の進行を止めるのは良いことだが、できることなら、そうする必要が生じる前に対策を講じたいところだ。そのためには、悪循環が生じていないかどうか、普段から気をつけていなければならない。

幸い、このような対話を一度でも経験すると、その後は症候群の兆候を察知しやすくなる。上司と部下の間に新しいコミュニケーション・チャネルが生まれたり、部下からのフィードバックにより上司が自分の行動について考え始めたりするためだ。

長期的には、症候群を「予防する」ことが目標となるだろう。進行を止めることよりは、予防することの方がはるかにやさしい。上司から部下を誘うようにすれば、予防のための対話も比較的スムーズに始められるだろう。

症候群の引き金を引きたくないからといって、どの部下ともまったく同じように付き合う必要はない。むしろ、「自分は応援してもらっているのだ」と部下が思えるように行動することのほうが重要だ。第9章では、その具体的な方法を説明しよう。

第9章

うまくいく上司が実践していること

「自分はコーチから無条件に信頼されている」と思ってもらえるまで、私は選手を批判しないことにしている。

ジョン・ロビンソン（アメリカン・フットボールのコーチ）

上司は「できない部下」に他の部下とは違う接し方をしており、それが成績低下の一因になっている——私たちがセミナーなどでそう指摘すると、マネジャーたちは心配そうな面持ちでこう尋ねてくる。「では、どの部下にも同じように接しなければいけないのだろうか」

答えはもちろん「ノー」である。同じように接したいと思っても、それはまず不可能だし、そもそもその必要もない。接し方が違っても、それによって部下が「自分は信用されていない」とか「評価されていない」と思わなければよいのである。ただ、これは容易なことではない。

私たちはこれまで、「できない」とみなされた部下から隠れた能力を見事に引き出したマネジャーの事例を数多く研究してきた。「症候群キラー」とでも言うべき彼らは、部下の能力には差があると公言してはばからない。「できない部下」には時間を割いて指導するし、その仕事ぶりや結果にも注意を払う。しかし、意思疎通に努めながらそうするため、部下は指導や支援を気軽に求められるし、フィードバックも受け入れる。

我々の研究によれば、症候群キラーたちは部下と良好な関係を保つために六つのポイントを心がけている。とりわけ部下と出会った「最初の一〇〇日間」にそれを実践し、土台を作ってしまうことを重視している。本章ではその方法と、「最初の一〇〇日間」以降に気をつけること、そして「二本柱」という概念を解説したい。

最初の一〇〇日間で土台を作る

ポイント1：部下との関係のフレームを作る

これまで述べてきたように、上司と部下の行動は、どんな印象を相手に抱いているかによって大きく変わる。たとえば、第一印象の良い上司の小言なら前向きに解釈できるが、そうでない上司のアドバイスはうっとうしいと思うことがある。

他の部署から異動してきた上司は、部下が自分に抱く第一印象をある程度操作できる。何もせずに放っておくこともできるが、積極的に動いて良い印象を持たせることもできるという意味だ。

新しい部下に対面する上司にとって重要なのは、部下との関係のフレームを早めに作ることだと私たちは考えている。出会った当初から部下と頻繁に話をすれば、自分が何を重視しているか、仕事の成績は何で測るか、どんな種類のコミュニケーションをどの程度の頻度で取りたいのかといったことを伝えられる。また、自分の仕事のスタイルや好みなどを部下に具体的に話しておけば誤解も減り、関係の悪化を防げるだろう。実際、「失敗おぜん立て症候群」は相手に対する期待が明言されないことや、仕事の優先順位をめぐる誤解によってもたらされることが多い。第8章のスティーブとジェフの事例はまさにその典型だ。

異動してきたマネジャーについて最近行われた研究も、着任時のコミュニケーションの重要性を強調している。新しい部下の信頼を得るためには、「部下に何を期待し、どんな行動を求めているかはっきりさせること。新たにチームを率いるリーダーにとって、これは非常に重要な仕事である」そうだ。あるマネジャーは次のように語ったという。「何をどこまでやってよいか、明確にしておかねばならない。直属の部下と一対一で向き合い、自分はこうする、自分ならこう解釈する、こういう風に働いてくれれば仲良くやっていけるが、逆にこういうことをするなら自分は怒るよといった具合にはっきり伝えておくのだ」

こうしたコミュニケーションは、特別に設定した面談はもちろん、着任して間もないころであれば部下の仕事に口をはさんだところで行ってもよい。マネジャーの中には、あれこれ細かい指示を出す「マイクロマネジャー」だと思われるのを嫌って最初に大きな権限を与え、しばらく様子を見てからその大きさを調整する向きもあるが、そうしたやり方は誤りだろう。

新しく上司と部下の関係になった当初であれば、仕事に多少口をはさんでも部下はとくに気にしない。部下の仕事ぶりが悪いためではなく、今後の成績向上のためだという意図がはっきりわかるからである。逆に、権限を次第に小さくするアプローチを取ると、部下はそう解釈しない。日を追って上司の介入度が高まるため、「自分のやり方ではいけないのかな」と考え始めてしまうのだ。

新任の上司と部下の関係で生じやすいミスを五項目にまとめてみた。

- アドバイス不足

「即戦力」として雇った部下に十分なアドバイスをしない。経験豊富な中途採用者なら、一言言えば事足りると考えてしまう。

- 的を絞らない

仕事の一覧をだらだらと書き連ねる。絶対に結果を出さなければならない「重要項目」を明示しない。

- 「蜜月」を重視しすぎる

厳しいことを言うと人間関係が悪化すると考え、耳の痛いフィードバックをしたがらない。

- 不十分な合意で見切り発車

部下に高いハードルを課す。「無理なら無理だと部下は言うはずだ」と考えるためだが、部下は良い印象を持ってもらいたいと考えるため、上司の非現実的な目標に反論できない。

- 「ドアは開いている」という誤解

アドバイスが欲しければ、新しい部下でも自分からそう言ってくるはずだと上司は考えるが、実際はそうならないことが多い。上下関係ができて間もないころの上司の指導があいまいなために、部下が助けを必要としていることにすら気づかないケースもある。

ポイント2：部下との関係構築に投資する

上司と部下の関係になったばかりであれば、上司は部下に自分自身のことを大いに語ることができる。部下が抱きがちな誤解や疑念を解消できる重要なステップだ。

ヒューレット・パッカード（ＨＰ）が初めて社外から迎え入れたＣＥＯとして知られるカーリー・フィオリーナ氏は、就任発表直前の週末に同社の幹部アン・リバモア氏と四時間にわたり話し込んだ。生え抜きのＣＥＯ最有力候補だった同氏に会い、自分はこれから何をするか、リバモア氏にはこれからどんな仕事をしてほしいかを伝えるためだった。もしこのコミュニケーションがなければ、リバモア氏が失意のうちに退社したり経営陣が分裂したりする恐れがあっただろうが、同氏は現在、ＨＰ最大の事業部門のトップとして活躍している。

このように早い時期に話をすれば、上司は部下と親しくなったり、互いに尊重する関係を築いたりできる。「人物」と「成績」を分けて考えることもできるだろう。ある優秀なマネジャーはこう語っている。

「新しいチームのトップに着任したら、まずメンバーと一対一でじっくり話し合う。これにはだいたい二、三ヵ月かかる。ここで大事なのは部下の話を聞くことだ。こちらが話すのではなく、とにかく聞く。そうすれば仕事上のつきあいにとどまらず、個人的な関係も築ける。同じように親しい関係をメンバー全員と築けるわけではないが、個人的なつきあいができればどんな人物かわかるし、信頼関係や相互理解が生まれるし、自分のことを部下にわかってもらえるという効用もある。そこまで行けば、互いを認めあい、補いあうこともできるだろう」

「私が以前仕えた上司は、実に見事にこれを実践していた。たっぷり時間を取って話をし、誰とでも互いに尊重しあえるようにしていた。短所を知られても、部下は心配したりしなかった。そこが重要だと私は思っている。互いを尊重し、互いを信頼し、互いに必要としていることを理解することが大事なんだ」


日産自動車を再生させたカルロス・ゴーン氏も、尊重しあうことの重要性を説いている。

「尊重しあうことは非常に重要だ。ついおろそかにしがちだが、相手と自分はどこが違うかに注目しなければならない。互いを尊重するとは、相手の短所に着目せず長所に目を向けることだ……基本的なことだが、これで職場の雰囲気を思った方向に変えることができる」


職場は家庭とは違う。たとえば、読者と子供の関係は子供の「成績や振る舞い」の評価に影響されないのが普通だ。もちろん、非行など重大な問題が発生すれば話は別だが、小さな問題なら何の影響もない。それによって親の愛情が変わることはないだろう。そのため、たとえ成績や振る舞いについて親が注意しても、子供はそれを脅威とは受け止めない。

だが、職場はそうではない。従業員である以上、最低限の成績は残さねばならないため、成績について上司から注意されることは、部下にとって大きな脅威となる。

しかし、「人物」と「成績」を分けて考えるようにすれば、その脅威は弱くなる。それには、上司が部下と個人的な関係を育むことが重要だ。前述のマネジャーも指摘するように、すべての部下と好ましい関係を構築できるわけではないが、そういったつながりが少しでもあれば部下は安心する。ゆくゆくは「上司や自分が望む成績をあげられなくても、人間として尊重されることは間違いない」と思ってくれることだろう。

あるマネジャーは、自分の上司と話し合えてよかったと述べている。「あれ以来、上司は自分を一人の人間としてみてくれていると思うようになった。私がする仕事ではなく、私という人間が評価されていると思えるようになった。これは人間にとってとても重要なことだと思う」

ポイント3：レッテルを早々と貼らない

部下にレッテルを貼ると二つの問題が生じうる。ひとつは、非常に単純な分類になってしまうこと。「部下Aは役に立たない」「部下Bは精神的にもろい」といった具合である。とくに問題なのは特定の仕事の評価や、第4章で論じたように成績とは必ずしも関係のない行動がその部下の全般的な評価に影響し、そのままレッテルとなってしまいがちなことだろう。このように、ひとつでも悪い特徴があると全体が悪く見えてしまうことを、心理学では「光背効果」と呼んでいる。

もうひとつは、観察が不十分なままレッテルを貼ってしまう恐れがあることだ。ある特定の仕事の出来が悪かったからといって、今後もずっとそうだとは限らない。自信をつけたりスキルを向上させたりすることで、次回以降はそつなくこなす可能性もあるだろう。しかし、部下の成績が上がるころには上司の評価が固まってしまい、せっかくの成績向上が考慮されないことがある。上司は一度の観察で決めつけたりせず、新しい情報を得るたびに部下の評価を見直す必要があるだろう。

前任者から引き継いだレッテルに頼ってしまいがちな新任の上司ではとくにそう言える。ルイス・ガースナー氏はこのワナを熟知しており、ＩＢＭのＣＥＯに着任する際、経営幹部らにこう言い放ったという。「今までの評価はすべてチャラにする。全員、ゼロからのスタートだ」

新しい上司に引き継がれる人事ファイルには、あいまいな情報や無関係な情報、間違いなどが多く含まれていると言われる。そうした情報がそのまま利用されれば、成績悪化の悪循環が加速することは間違いない。

しかし、このファイルを逆の観点から見れば、上司はすでに生じている症候群に歯止めをかけることができる。前任者に睨まれていた部下を見つけ出し、個人面談で「今までのことはチャラにする」と告げてやるのだ。つまり、悪いのはファイルではなく、その使い方だと言えるだろう。

ポイント４：自分が下した評価を常にチェックする

いったん貼られたレッテルは、時間が経ってもはがれることがないどころか強くなる。人間の心にはさまざまなバイアスがあり、それによって見るものや記憶するものが取捨選択されるからだ。

マネジャーが誤った結論に飛びつかないためには、このバイアスに注意しなければならない。とくに気をつけなければならないのは、自分の仮説にあった事実だけを探しだして記憶する傾向、すなわち確証バイアスである。したがって上司は、自分の仮説に反する情報や新しい仮説を積極的に探す習慣を身に付けるべきだろう。

まず、手元にあるデータを疑うとよい。「このデータはどうやって入手したか。正しいと言える証拠はあるのか」考えてみる。それができたら、自分の仮説に反する情報を探す。「できない部下」が優れた成績を残した事例を探したり、部下が「好ましい行動」を見せたときのことを思い出したりする。自分が覚えていなければ、他の部下や同僚に聞いてもよい。

自分が下した評価をとことんチェックするのも有効である。裁判で尋問するようなスタイルで、「自分はどうしてこれが真実だとわかるのか。どうやってこの結論にたどり着いたのか」と自問自答するのだ。「違う角度から説明できないか。相手の立場に立ったらどんな議論ができるか」と考えることも重要だろう。

すでに見たように、人はストレスにさらされると、狭くて二者択一的なフレームで問題を捉えがちである。しかし、そうした傾向があることを意識できればワナに陥らずにすむ。「自分は何を前提にこの問題を考えているか。その前提は、実は勝手な思いこみではないか」と考えることができれば、思いこみを正してフレームを広げることができるだろう。

ポイント5：兆候に気づいたら素早く対処。「聞き手に回る」姿勢が大事

どんな深刻な問題でも初めはみな軽微であり、素早く対処することであっさり解決できるものだ。したがって症候群の兆候に気づいたら、できるだけ早く対話の準備に取りかかりたい。上司の対処が遅れれば遅れるほど部下はミスを繰り返し、それを見た上司の態度も厳しくなって部下が対話を恐れ

るようになる。

部下にフィードバックを与えるのをためらった経験がある読者なら、対話を遅らせることの弊害をよくご存じだろう。またほとんどの読者は、上司からフィードバックを受け取る際に「もっと早く言ってくれればよかったのに」と思ったことがあるはずだ。

それにもかかわらず、上司は部下へのフィードバックを後回しにする傾向がある。第7章で論じたように、部下を困惑させたり揉め事を起こしたりするのを嫌うからだ。こんなものは部下とともに学ぶ機会ではなく痛みをともなう独白だと考えたり、部下はたぶん素直に受け止めないだろうと決めつけたりするのである。

第7章で論じた通り、上司が部下にフィードバックを与える面談は、両者が成績について語り、良好な上下関係を追求する場だと捉えなおすことができる。個人的に親しくなれればなおいい。また、人物と成績を分けて考えるようにすれば、そうしたフレームの変換もやりやすくなる。「ジョーはとんでもない男だ」と考えるのではなく、「ジョーは悪いヤツではないが、あのやり方にはどうも感心できない」と考えるのだ。

対話をもっとソフトにしたいなら、証拠を提示して現状を認識させるというやり方ではなく、部下が現状をどの程度把握しているかテストするとよいだろう。「問い詰める」のではなく「問いかける」のだ。たとえば「ジョー、そこはそういうやり方はしないでくれ」ではなく、「ジョー、ちょっと教えてくれないか。ここはどうしてこうするんだね」と尋ねるのである。

上司が対話を始めるのが早ければ早いほど、部下は同じミスを犯さなくなり（ミスでない可能性もあるが）、上司は冷静に対話に臨めるだろう。また部下のほうも、上司が何をどう考えているか、できることなら早く知りたいと思うだろう。

上司が現状を把握しきれていない場合でも、「問い詰める」より「問いかける」ほうが有効だろう。質問を重ねるうちに部下のアプローチを正すチャンスが得られることもあるし、上司が違う観点に触れて何かを新たに学ぶこともあるからだ。

ポイント6：部下に関係維持の共同責任を負わせる

第5章で論じた通り、「失敗おぜん立て症候群」の進行には部下も加担している。裏を返せば、部下は症候群の予防でも重要な役割を果たせるはずだ。

本章で紹介したアドバイスの大半は、上司だけでなく部下にも役立つ。まず、上司に早々とレッテルを貼るのを止める。上司の評価を常に見直し、自分の仮説に合う証拠ばかりを探すことがないよう気をつける。欲を言えば、症候群の兆候が見られたら、自分から上司との対話に臨みたいところだ。

GEのジェットエンジン工場に工場長として赴任したポーラ・シムズ氏は、着任の数日後、ある部下からフィードバックを受けた。

「着任したばかりのころの話です。従業員が一人、部屋に入ってきて言いました。『ポーラ、ご存じでしょうけど、私たちが合意したことをちゃんとやっているかどうか、いちいちチェックする必要はありませんよ。私たちは、やると言ったことはしっかりやりますから、大船に乗ったつもりでいて下さい』。私は反省しました。『おやおや、いつもチェックしていたから、信用していないと思われてしまったのね』。そして、彼が進んでそのことを伝えに来てくれたことに感謝したのです」

この工場は従業員による自己管理が進んでおり、フィードバックはポーラの着任からわずか数日後に行われた。そのため、上司も部下も冷静に対応することができた。しかし、部下から上司へのフィードバックは、上司から部下へのそれよりも厳しい内容になるのが普通である。また、上司からフィードバックを求めるときは、良好な関係の維持に部下も共同責任を負うよう促さなければならない。もし上司が乗り気でないときは、部下が問題を指摘して議論するべきだろう。

具体的にどうすればよいのか。第一歩は意外にシンプルだ。まず、上司が部下と良い関係を築きたいと明言し、努力を惜しまないことを伝える。そのうえで、一人ではできないから手伝ってほしい、何か問題が生じたら早めに正直に話してほしいと頼むのだ。そして、その後も定期的に部下の様子を聞きながら、同じ姿勢を保っていることを示す必要があるだろう。

繰り返すが、上司はこうした方針を「明言」しなければならない。フィードバックに対する相手の反応に不安を覚えるのは、上司も部下も同じである。そして部下は相対的に弱い立場にあり、上司が嫌うような話題は切り出しにくいものだ。目上にモノ申すことが比較的容易な国や文化もあるだろうが、私たちが研究した限りでは、上司がフィードバックを何度も明確に奨励したほうが、部下が応じてくれる可能性は高くなる。

さらに一歩進んで、部下が問題点を自由に指摘できる環境を作ってもよいだろう。そうすれば部下は、良好な関係維持の共同責任を負う気になれるだろう。

相互理解を支える二本柱

ここまでは、上司と部下の関係が始まって間もない時期の症候群予防法を論じてきたが、その後はどうすればよいのか。生産的な人間関係を保ち、症候群の芽を早々に摘み取るにはどんな環境にすればよいのか。

答えはもうおわかりだろう。双方向のコミュニケーションが自由に行える風通しの良い職場にすればよい。成績のさえない部下でも問題が発生したら臆することなく上司に相談でき、上司のフィードバックを部下がありがたいと思いながら受け取る環境を作ればよいのだ。

以下では、そうした環境を支える二本の柱について説明しよう。

第一の柱：部下が臆することなく上司に相談できる

第2章と第3章で論じたように、「できない部下」は問題が生じても上司に助けを求めたがらない。それゆえに問題の発見が遅れ、やむをえず上司が介入して対策を直々に指示することもしばしばだ。これに懲りた上司はその後、この部下には特別に細かい指示を出したり、仕事ぶりをチェックしたりするようになる。部下は「信用されていない」という思いをさらに強め、不満を蓄積していく。

この悪循環を防ぐには、部下が臆することなく問題の発生を上司に報告でき、助けを求められるようにすることが重要だ。報告すれば支援が得られる、少なくとも怒鳴られたり仕事ぶりを監視されたたりすることはないと思えば、部下は上司に相談するものである。

具体的には上司が、①悪い報告にも建設的な反応を示す、②問題が生じても部下の自主性をやたらに奪わない、という二点が大切だ。言い換えれば、悪い知らせに接したとき、「人物」ではなく「過程」に着目するのである。

症候群キラーと呼ばれるマネジャーは、悪い知らせを聞いてもむやみに部下を責めない。人前で怒鳴りつけたり冷たい態度を取ったりせず、努めて冷静に振る舞う。あるマネジャーは、その理由を次のように語ってくれた。

「部下はときどき、ショッキングな知らせを持ってくる。怒りを抑えるのは簡単ではない。しかし、私はできるだけ落ち着いた態度で対応することにしている。『教えてくれてありがとう。しかし、どうしてそうなったのかな』『なるほど。問題はそこにあったか……』『よし、再発を防ぐにはどうすればいいと思うかね』。こうして対応すれば、部下は信頼してくれる。それに、悪いニュースを知らされるときは、私が信頼されていると実感できるときでもある。彼らは問題を隠したりせず、ちゃんと教えてくれたのだから」

このマネジャーは、問題の原因をとらえて学ぼうという姿勢を持ち、かつ怒りの感情をコントロールしていると言えよう。

完璧な上司などいないのだから、上司たるもの怒ってはいけないなどと言うつもりはない。ただ、怒りを「コントロール」する必要はある。

悪い知らせを伝えられたら、ニコニコできなくても無理はない。部下だってその点はわかっている。ただ、不満を表に出すのと激高するのとでは大違いだ。たとえそれが目の前の部下を怒鳴りつけるのでなくとも、当人は不愉快に思うだろう。

上司たるもの完璧であってほしいなどと思っている部下はいない。普段冷静に振る舞っていれば、ときに爆発しても大目に見てもらえるものだ。

私たちの研究によれば、症候群キラーは次の三点を心がけながら悪い知らせに対処している。

- 担当者の責任よりも問題発生の「過程」に注目する。そして、良い解決策を考え出すことよりも、部下が、(a)問題の因果関係の理解を深め、(b)問題を分析して費用と効果を勘案した意思決定を行う能力を伸ばすことの方を重視する。
- 過去ではなく未来に目を向ける。「起こってしまったことは仕方ない。再発を防ぐには、あるいは再発してもダメージを最小限にするにはどうすべきか」を考える。
- 部下との対話を終えるときに、新たに学んだことを要約する。

部下の自主性を尊重することも重要だ。悪い知らせを受け取ったり助けを求められたりしても、症候群キラーは部下の決定権を取り上げない。部下の意思決定過程に関与しないわけではないが、自分が決断を下すことは避け、部下の自主性をできるだけ尊重する。決めたことを部下から聞き出したり、重要な決断については相談を受けたり、部下の決断を承認したりすることはあっても、それ以上は踏み込まない。

また関与するときには、それが一時的な措置であることを強調する。「できない部下」でもそのようなコーチングなら受け入れる。彼らが嫌うのは、ありとあらゆる面について常時監視されることなのだ。

第二の柱：上司のフィードバックを部下が進んで受け入れる

「できない部下」の潜在能力を引き出せる上司は、部下がやる気を失わないよう気を配るだけでなく、部下の成績向上を上手に支援している。症候群に陥った部下は上司のフィードバックを受け付けなくなるが、症候群キラーは以下の五点に留意することでそうした事態を防いでいる。

①仕事の評価と人物の評価をはっきり区別する

この区別は重要である。なぜなら、部下は「成績が悪くても人間として尊重してもらえる」という安心感を持ち、フィードバックをあまり恐れなくなるからだ。

具体的には、普段からざっくばらんな会話をこころがけるとよい。コーニング社の研究所で四五名の研究者を率いるリナ・エチェバリア氏は次のように話している。「上司対部下という上下関係ではなく、個人対個人の関係を部下たちと築くことが重要だと思っています……だから私は、誰にでも家族のことを話します。そうやっていくと、部下にはどんな労働環境が適しているかとか、今日は誰のモチベーションが落ちているかとかもわかるんです」

なぜそこまでわかるのか。普段から話しかけているからだ。「部下のオフィスに入って声をかけるようにしています。調子はどう？　仕事はうまくいってる？　おうちのほうはどう？　という感じで、できる部下にもそうでない部下にも、分け隔てなく話しかけているんです」

②部下の成績を速断しない

「できない」とみなされている部下に対しても、その仕事の評価や分析には先入観を持たずに臨む。また、フィードバックの作成と伝達をフェアに行うことにもつながるが、成績評価にあたっては部下にデータを見せて言い分を聞く。あるマネジャーは次のように話してくれた。

「私の上司は主観的だと言われることがありますが、それは〝主観〟の定義によるでしょう。私に言わせれば、利益目標を五％下回ったら不振とみなすと言い切る人も主観的です。どうしてそうなったか、時間をかけて分析していないからです。その点、私の上司は、部下の話を聞いてから判断しています。本人の目を通すまではどんなデータも主観的だという考えからです」

上司は成績が伸びない原因を速断しない、データを見て決めつけたりせず、自分の話もちゃんと聞いてくれる――そう考える部下は、たとえ「できない部下」であっても、上司の評価をあまり恐れない。失敗すると責任を取らされそうな仕事から逃げ回ることも少ない。フィードバックも、バイアスのかかっていない事実に基づいたものとして、受け入れることができる。

③大成功について語る

何かを学ぶというと「失敗から教訓を得る」と考えがちだが、症候群キラーは予想以上の成功からも学ぼうとする。どうしたらうまくいったのか、これほど成功した理由は何なのかと部下に問いかけるのだ。成功の原因を探る姿勢を見せれば、次のような副産物も期待できよう。

- 成績の良し悪しを決める因果関係についての知識の形成と伝達に役立つ。上司と部下が何かを学べば知識が「形成」され、ミーティングでそのことを議論すれば知識は他の部下に「伝達」される。
- 部下をほめ、励ますチャンスが生まれる。
- 学習と改善に取り組む上司の姿勢への信頼感が高まる。上司は結果だけを見ているのではなく、そこに至る過程や外部要因の影響も理解したがっているのだと部下が考えるようになる。
- 大成功の原因に上司が関心を示せば、失敗の原因に関心を持つことも良いことだと部下は解釈する。その結果、予想外の失敗に対する部下の抵抗感もやわらぐ。

あるマネジャーは、自分の上司のアプローチを次のように説明してくれた。

「私の上司は結果だけでなく、問題にどう取り組みその原因をどうやって突き止めたかも重視しています。『あの問題は解決しました』と報告に行くと、『よくやった、ありがとう』だけではすまず、『どうやって解決したんだ？　そうか、じゃあこんどは私もその方法でやってみよう』と言ってくれます。『他にもこんなやり方ができるんじゃないか』と意見交換することもあります。

顧客満足度の指標で一〇〇点を取ったときは、『さすがだね。たいしたもんだ。でも、そのノウハウをぜひ聞きたいな。僕や他の仲間にも教えてくれないか』と言われました。たいへんな努力をしてつかんだ結果でしたから、とっても嬉しかったです。それに、今月の満足度がもし九〇点に下がっても、『おやおや、どうした』と聞かれるぐらいで、怒られはしないでしょう。私もきっと、理由をちゃんと説明できると思います。つまり、結果に対する上司のアプローチ次第で部下の態度は大きく変わるのです」

④自分が味方であることを部下に示す

部下が上司のフィードバックを受け入れるのは、上司の意図が信頼できるときである。症候群キラーはフィードバックを与えるときに、部下の成績やスキルの向上を重視していることを明確に示し、この信頼を勝ち取っている。具体的には、一人ひとりの部下と時間を取って話し合うことで仕事上の関係と個人としての関係の両方を築く、仕事の評価と人物の評価を明確に区別する、悪い知らせにも冷静に対処して原因を分析するなど、すでに本書で紹介したことを実行している。

もちろん、部下を気遣っていることを示す方法は他にもある。私たちが以前出会ったマネジャーは、上層部のプレッシャーから部下を守る盾になったり、自分には不都合なことを承知のうえで部下のキャリアプランの実現を支援したりしていた。自分が味方であることを示せば、部下はフィードバックに耳を傾けてくれるだろう。
⑤自分の短所に向き合う
症候群キラーは自分の短所に真正面から向き合い、教訓を学び取る。そういう姿を見れば、部下も上司からの支援やアドバイスを受けやすくなるからだ。

具体的には、自分が犯したミスを率直に認めて謝罪したり、自分の行動に問題があったら率直に指摘してほしいと部下に頼んだりするとよい。上司と部下の関係になったらすぐにそう頼むのがベストだが、折に触れてさりげなく頼み直してもよいだろう。あるマネジャーは、上司に報告書を提出したところ、次のようなコメントが手書きのメモとともに返ってきたと話していた。「ところで、話は変わるが、もし私が重荷になることがあったら正直に教えてほしい。頼んだよ」

自らの非を進んで認める。言っていることとやっていることが違っていたら部下に指摘してもらう。そうすれば、上司は自分が完璧でないこと、部下にも完璧を求めないことを示すことになる。これを見た部下は安心し、自分も完璧でないことを認めやすくなるだろう。

部下に対する振る舞いが適切でなかったと反省してそう伝えること（「今思うと、あのときの対応は良くなかった。申し訳ない」）も、自らを律していることや自分を高めたいと思っていること、考えを改める柔軟性を持っていることなどを示すことになるだろう。

さらに、自らの非を認めたり部下に指摘させたりすれば、部下を尊重している姿勢も伝わるだろう。「君は私にとって大事な人だから、コミュニケーションの取り方にも気をつけている。私自身が成長する手助けをしてほしい」というメッセージを送ることになるからだ。

大事なのは時間とエネルギーの使い方

症候群キラーは悪い知らせを聞いても生産的な反応を示し、そこに至った過程とそこから学べる教訓に着目する。問題に直面した部下が支援や指導を求めるよう促すのが狙いだ。また、問題が生じても部下から決定権を奪ったりせず、コーチングによって部下を指導する。コーチングを行うときは、部下の成長を促すのが目的であることをしっかり理解させる。

フィードバックも、部下が受け入れやすいものを提供する。人物と成績を明確に区別すること、判断を下す前にデータと評価を部下に見せて言い分を聞くこと、成功の要因にも普段から注目すること、コミュニケーションを通じて部下の信頼を得るよう努力することなどがその秘訣だ。

このような「学習する環境」を部下と一緒に築くために、症候群キラーはかなりの時間とエネルギーを投資する。「契約」を作って主な目的を書き込み、してほしいこととしてほしくないことを明確にしようとする。部下に不正確なレッテルを貼らないよう気をつけ、部下と私的なことまで話せる関係を育もうとする。

上司が先行投資する時間とエネルギーはかなりなものだ。どうやってその時間をひねり出すかは、上司自身が考えねばならないが、「投資」であるから見返りが期待できる。第6章で論じたように、上司や部下、同僚などが背負うさまざまなコストを回避することがその見返りとなるだろう。

「できない部下」を見つけた上司はおそらく、その指導に長い時間をかける。問題は、その時間の使い方だ。「できない部下」のミスによる損害を最小限に抑えるために使うのか。それとも、部下との交流を深めてその力を最大限に引き出すために投資するのか。「失敗おぜん立て症候群」について学んだ上司なら、どちらを選択するかは明らかだろう。

しかし、この投資にはスキルが必要となる。症候群キラーたちも、実は努力に努力を重ねてそのスキルを身に付けたのだ。最後の第10章では、そうした努力の過程で直面しがちな障害とその対処法を紹介しよう。

第10章　「よい上司」から「尊敬される上司」へ

他人よりうまく踊ろうとは思っていない。自分自身よりうまく踊ろうとしているだけだ。
ミハイル・バリシニコフ（バレエダンサー）

「失敗おぜん立て症候群」の進行を止めたり予防したりするにはどうすればよいか。私たちはこれまで、私たち自身や他の研究者たちの研究成果をもとに、実行可能なアドバイスを提供しようと努めてきた。実際、こうしたアドバイスは具体的でなければならない。実行したらどんな結果が生じるか、マネジャーが想像する必要があるからだ。

しかし、具体的であれば実行しやすいとは限らない。ストレスや障害に満ちた状況ではとくにそうである。

すでに論じたように、上司が「できない部下」と話し合うときのストレスは、フレームを柔軟で幅広いものに取り替えることで軽減できる。また、部下のやる気を損なうことなく指示を出したり、部下の仕事に口をはさんだりできる「症候群キラー」と呼ばれる人たちの事例も参考になるだろう。

とはいえ、知ることと実行することとは違う。第8章と第9章で紹介した症候群の対処法や予防法は、マネジャーに普段の振る舞いを変えるよう求めるものであるし、それに従って実際に変えるには移行期間も必要だ。新しいやり方を試したり、成功と失敗を繰り返したりしながら多くを学ぶ期間のことである。第10章では、この移行期間を乗り切るテクニックと道具を提供したい。

理想の上司には誰でもなれる

私たちは研究の過程で、どんな部下でも支援できるのではと思わせる有能なマネジャーを何人も見つけた。中には、そうした能力が生まれつき備わっているように思える人もいたが、努力して身に付けたのだとわかる人もいた。

たとえばモーリスという名のマネジャーは、上司から受ける強いプレッシャーを吸収しながら部下に権限を委譲し、「できない部下」の成績向上も支援していた。しかもモーリスの部下によれば、そうした振る舞いは非常に自然だという。

「無理をしている感じがまったくない。自然なんです。いつ見てもそうです。それだけ部下を気遣っているのでしょう。彼の部下になってもう数年になりますが、その点は全然変わっていませんよ」

当のモーリスも、「肩肘張らずにやっている」と話している。

「あれが私のスタイル。危機的な状況だと判断しない限りは、ずっとあのスタイルで通している。職場だけじゃない。自宅で子供と過ごすときもあの調子だ」

しかし、モーリスは生まれつきそういう人物だったわけではない。つい数年前まで、彼は何を考えているかわからない冷たい人物だとみられていた。それもそのはず、彼は感情が表に出ないように一生懸命コントロールしていたからだ。しかし、考えを改めて話しかけやすい雰囲気を作るよう努めたところ、自分の意見や感情を生産的な方法で表現できるようになったという。

「私は子供のころから、何でも完璧にやろうと思っていた。おまけに、『ごめんなさいとは絶対に言うな』と誰かに言われ、その教えをしっかり守ってしまった。おかげで本当に感情のない男になってしまったが、それではいけないと思い、数年前から感情を抑えないよう努力し始めた。おかげで、今では部下も同僚も、私の機嫌が良いかどうか一目でわかるようになっている。かつての私は、本音や弱みを見せたがらない嫌なやつだったが、今は違う」

モーリスとは逆に、感情をコントロールできず困っていたマネジャーもいる。とくに、怒りの感情を抑えるのが難しいようだ。あるマネジャーは次のように話してくれた。

「今のポジションに就いたとき、私は恐ろしく攻撃的で嫌な男だった。人を脅すことだってできた。

だが、その後の三年間で、人間として大きく変わった。部下と同様に私も学び、成長した。おかげで、今では物事に人間的なアプローチで臨めるようになったし、とても冷静になった。三年前とは一八〇度違う人間になれたと思っている」

私たちは、企業幹部がこのように変身を遂げた事例をいくつも見てきた。変わる前の様子や変わっていく過程は人それぞれだが、多くのマネジャーが努力して自分の行動パターンを時間をかけて変えている。生まれつき優秀なマネジャーなどいないとは言わないが、大多数は何年もかけて自己変革を達成しているのだ。ここではそうした例をいくつか紹介してみよう。

レイモンド・スミス（ベル・アトランティックの元ＣＥＯ）

「ＣＥＯになった最初の年、私は本当にイライラしていた。権限委譲、説明責任、チームワークなどについて語っても、部下がなかなか理解してくれなかったからだ。だが、焦ってはいけないことに気づいた。コーチの力を借りて、短気なところを直したのだ」

アーノルド・ハイアット（子供用シューズのメーカー、ストライド・ライトの元ＣＥＯ）

「部下にどこまで仕事を任せてよいのか、いつも悩んでいる。たとえば、仕事のやり方を間違えている社員がいると、声をかけてアドバイスしたくなる。私自身も過ちを繰り返してきたから、誰がどこを間違えているかはすぐわかる。だが、ぐっとこらえて何もしない。自分自身、お説教からは何も学んでこなかったからだ」

アンディ・ピアソン（ペプシコの元社長）

「部下を再起不能にさせることなく厳しい質問を浴びせる。そういう方法ならたくさんある……以前は、会議に出ると出席者の中で一番頭がいいところを見せようとしたものだが、最近は意見を述べずに質問したり、論理的な答えを出せと注意するにとどめている」

驚いたことに、ピアソンが自己変革に取り組んだのは七〇歳を超えてからである。かつての同僚によれば、ピアソンは「情け容赦のない経営者だった。何かあると、大声で部下をどやしつけたものだ。『こんなことならサルでもできる！』と怒鳴ったこともある。つい三年前の話だよ」

優先順位の一番目は「変化すること」

個人や組織が自己変革を遂げたモデルケースはたくさんある。中身は文字通り千差万別だが、ひとつだけ共通しているのは「変わりたいという強い気持ちがなければ、そして現状に強い不満を持っていなければ、変わることなどできない」という点である。マネジャーが時間的なゆとりや余力を失いつつある今日では、とくにそう言えるだろう。自分を変えたいと思ったら、そのための努力に高い優先順位を与えなければならない。

私たちはここまで、読者の意識を高めることを目指し、現状に満足できなくなるよう努めてきた。

そのため読者の中には、自分がいつのまにか症候群の進行を促進していたことや、進行を食い止めたり予防したりする方法があることがわかり、自分を変えることに興味がわいてきたという人もいるだろう。もしそうなら、とりあえず必要な条件は満たしたことになるだろう。

自分も症候群に加担していることを認識することは重要な第一歩である。しかし、そこから行動に移らなければ意味がない。今日のように厳しい事業環境では、人材開発よりも他の問題への対応を優先させてしまいがちだが、リーダーはそれなりの時間とエネルギーを割いて、症候群への対処や予防に努めなければならない。そしてそのためには、第8章と第9章の議論を参考に、リーダー自身が振る舞い方を改め、人間的にも変わる必要があるだろう。

目標達成までの道のり

電子機器の機能を変えたいなら、組み込まれたプログラムを書き換えてやればよい。電源を再度入れれば、すぐ指図通りに動いてくれる。

人間ではそうはいかない。他人の気持ちがわかり、辛抱強く、部下の話に耳を傾けられる上司になりたいのであれば、強い決意を持って時間やエネルギーを投資する必要がある。

従業員の行動だけでなく組織全体の「文化」も変えたいとなれば、必要な時間とエネルギーはさらに増える。たとえば、従業員一人ひとりの顧客サービスの姿勢を改めたいなら、アメとムチを組み合わせることで比較的早く成果をあげられるだろう。しかし、これを組織の文化の一部として根付かせるには、多数の従業員を巻き込みながら何度も繰り返さねばならない。「ここではこうすることになっている」という習慣の一部にするには、長い時間がかかるのだ。

同じことは個人レベルでも言える。自分の心の動きに注意して、こみ上げる怒りをいち早く抑えたり、深呼吸でそれを鎮めたりするといったテクニックは比較的簡単に身に付けられる。しかし、かんしゃくを起こさないように心のプログラムを書き換えるのは容易なことではなく、一朝一夕にはいかない。

したがって、「××な人間に変わりたい」と思うマネジャーは、まずその目標に矛盾しない行動を取れるよう努力しなければならない。その行動が「第二の天性」になるには時間がかかる。ある著名なコーチも言うように、「何をすべきか知っていることと、意識しなくてもそれができることとの間には大きな差がある……リーダーシップのスタイルで問われるのは、何を知っているかではなく、プレッシャーにさらされたときにどんな行動が取れるかだ」。

そこで以下では、この差を埋めるのに役立つアドバイスを紹介しよう。重要なのは、①支援を求める、②理想の自分を演じる、③停滞期に備える、の三点だ。

正しい支援の求め方

自己変革には強い決意と意思が必要だが、それだけでは成功はおぼつかない。私たちの過去の経験からみても、自己変革には二種類の支援が必要だ。ひとつは、成果がどの程度あがっているかを教えてくれるフィードバック。もうひとつは、公平で有能な相談相手である。

組織内からのフィードバック

最も役に立つフィードバックを与えてくれるのは、普段から付き合っている上司や同僚、部下である。部下からフィードバックを得ることの利点については、すでに第9章で紹介した通りである。したがってここでは、自己変革の決意を上司や同僚、部下に宣言し、手伝ってほしいと頼むことの利点を二つあげておきたい。

第一の利点は、貴重なフィードバックが得られることだ。目標にそぐわない行動を取れば、同僚や部下がすぐに指摘してくれるだろう。第二の利点は、本気で取り組めるようになることだ。目標を達成できなければ面目が立たないため、その分だけ真剣になるのである。

部下に支援を求めることには、抵抗を感じるマネジャーがいるかもしれない。自分の弱さを認めることになり、まずいのではないかというわけだ。

以前ならそうだったかもしれない。だが状況は変わっており、最近ではあまり心配する必要はなさそうだ。ある著名なコーチによれば、支援を求める上司に部下は好印象を抱くという。「自分の悪いところを直したいのだと同僚や部下に打ち明ければ、支援はちゃんと受けられる。また、そうやって周囲の人をコーチングに巻き込めば巻き込むほど、そのマネジャーは進歩したとみなされるものだ」

とはいえ、最初のうちは部下のほうがまごつくかもしれない。AT&Tで経営幹部教育プログラムを担当していたディック・セティ氏は次のように述べている。「率直に話してくれとあなたが従業員に頼んでも、すぐにあれこれ話してくれるわけではない。初めての経験でとまどうことが少なくないからだ。……あなたが本気でそう思っているか、疑っている可能性もあるだろう。信じてもらうようには、彼らに自分をテストさせ、確かめてもらうしかない」
当たり前だと思われるかもしれないが、これは重要な指摘である。フィードバックしてほしいと部下に頼み、部下がそれに応じる仕草を初めて見せたら、とくに気をつけて対応しなければならない。もしそこで部下が、①問題点を率直に指摘しても上司は怒らないし、②指摘を受けて行動を改めてくれそうだと感じてくれれば、その後もフィードバックを与えてくれるだろう。だが、どちらかひとつでも欠けてしまったら、あの宣言はただのポーズだったとみなされてしまうだろう。

結局、ポイントになるのは上司自身のフレームである。自分の行動改善に部下を関与させるのは恐いことであり恥ずかしいことだというフレームを上司が持ってしまったら、部下はそれを察知して支援を止めてしまう。しかし、支援を求めることは他人の意見に耳を傾けるよい兆候であり、強さの証明であるというフレームを持てば、部下はそれを見て安心し、協力してくれるだろう。そして、上司からのフィードバックも受け入れるようになるだろう。

組織外からのフィードバック

組織外の第三者に支援を求めるのも有効だ。具体的には個人指導をしてくれるコーチ（費用はかかるが利用は増えている）やメンターが頼りになる。自己変革の経験があり、長所と短所をよくわかってくれる信頼できる人物であれば、何物にも代えがたい支援が得られる可能性があろう。

コーチやメンターからは次の三種類の支援が期待できる。

①行動計画の策定を手伝ってもらう

「やるべきこと」の単なる一覧ではなく、学習を促す綿密なプログラムの策定を手伝ってもらう。たとえば、自分がとくに力を入れられそうな分野をコーチの力を借りながら見つけ出し、とりあえずそこに力を集中するとよいだろう。ポイントは、やさしいことから始めて少しずつ難しい課題にチャレンジすることだ。たとえば、まずは「できない部下」の話を最後まで聞くことから始め、最終的には「できない部下」の意見を採り入れた決断を下せるようにするとよい。小さな勝利を重ねていけば自信がつき、やる気を維持できるだろう。

②進歩の様子を記録してもらう

やる気を保つには、進歩していることを実感すると同時に、進歩の意義を十分理解している誰かに一緒に喜んでもらう必要がある。進歩を実感できなかったり、誰にもわかってもらえなかったりすると、「やることがまだこんなに残っている」と思ってしまうからだ。そんなときにコーチやメンターが、他人と比較したりせずに「こんなにできたじゃないか」と声をかけてくれれば、新たな気持ちでまた前進できるだろう。

③「自己変革が優先課題」であることを指摘してもらう

変わろうとする努力でとくに障害になるのは、後から割り込んでくる仕事や諸問題だ。しかしコーチやメンターとの会合は絶対にキャンセルできないことにしておけば、そうした物事を遠ざけ、自分の行動を振り返る時間を確保できる。

社外メンターの成功例

外食産業向け情報システムを提供するインスティル社のマック・ティリング共同創業者兼CEOは月に一度、メンターと朝食をともにする。相手はベレスター・コミュニケーションズのデビッド・ガリソンCEO。経験豊富な経営者と話をすれば良い意思決定ができるようになるとの考えからだ。

「メンターとの対話をきっかけに、思いもよらない視点から物事を見られることがある。幾多の逆境を乗り越えてきた経験のなせる技だろう」

メンターとの対話にすっかり魅せられたティリングは、上級幹部全員にこのシステムを勧めた。他の企業で同じような仕事をしているエグゼクティブを見つけ、取締役会の許可を得た上でメンターとして雇えというのだ。メンターとは秘密保持と利益相反防止の契約を交わす必要があり、その報酬も現金ではなくインスティル社の株式だったが、実際に利用した幹部たちは、上司としての能力向上に非常に役立ったと語っている。

支援する側の役割分担

創造的リーダーシップ研究所（ＣＣＬ）に所属する組織心理学者のグループは、組織の内外から支援を受ける際に、次のような役割を支援者に求めることを提唱している。

- フィードバック提供者：自己変革の進行状況に関するデータを提供してくれる。
- 相談役：違う方法やその結果について、一緒になって考えてくれる。
- 比較対象者：同様な苦難に直面している人。自分の進歩を測る物差しになる。
- フィードバック通訳者：複雑なデータの解釈を手伝う。
- 対話者：自分のものの見方や常識を疑ってくれる。
- 手配人：自分を高めてくれる仕事や経験を割り当ててくれる。
- 会計人：進歩の度合いを測り、気の緩みがないかどうか教えてくれる。
- 役割モデル：観察および模倣の対象になる。
- カウンセラー：情緒面で支援してくれる。
- チアリーダー：小さな成果を一緒になって喜び、励ましてくれる。
- 相棒：一緒になって喜んだり悲しんだりしてくれる「よき仲間」。

この組織心理学者のグループは、いろいろな立場にある人やスキルを持つ人がそれぞれ得意な分野を担当すればよいとしている。すべてを一人でこなすのは不可能であり、そもそもそうすべきではないそうだ。

たとえば、「手配人」や「会計人」の役目はやはり上司が果たすべきだが、「対話者」や「フィードバック通訳者」「カウンセラー」などはメンターに任せたい。「フィードバック提供者」や「比較対象者」「相棒」には信頼の置ける同僚が適任だろう。部下や配偶者、かつての上司、研修で知り合った他社の社員なども何らかの役割を果たせることがある。

子供靴の販売で知られるストライド・ライト社のルード・タウンゼント外国市場マーケティング担当マネジャーは、自分の力を伸ばすときに最も頼りになるのはライバル会社の社員だと話している。「自分と同じレベルの人材から学ぶことはない、二～四段階上の人を見て、ああなるにはどうすべきかを考えればよいと思っていた。だが実際のところ、私が直面する問題に最適な答えを持っているのは、他の会社で同じような問題に直面している人たちであることが多い」

つまり、支援してくれる人は組織の内からも外からも集められる。支援の度合いは人によってまちまちでよいし、すべての種類の支援を受けなければいけないわけでもない。たとえば、昇進のチャンスを逃したマネジャーにはカウンセラーの力が必要だろうが、身体に染みついた習慣を変えたいマネジャーには役割モデルやフィードバック提供者の支援が必要だろう。

このように役割分担が明確な「支援チーム」を作ると、関与する人の数が思ったより多くなることもあるが、だからといって彼らを軽視してはいけない。自己変革に取り組めばその影響は周囲の人々、すなわちチームのメンバーにも及ぶからだ。しかもこのメンバーは、その影響をもとに何度でもフィードバックしてくれる実に貴重な存在なのである。

理想の自分を演じてみる

ストレスを感じていないときや、相手が「できる部下」であるときなら、難しい問題に直面しても生産的に対応しやすい。しかし、いつもそんなに都合良くはいかない。プレッシャーにさらされたり、感情が高ぶっていたりするときに困難に直面することもある。

そしてそんなときこそ、普段の行動パターンが幅を利かせる。自分の意見を押しつける、人の話を聞かない、部下を怒鳴りつけるといった行動が表に出やすいのだ。以下では、自動的に生じる好ましくない反応を抑え込むテクニックを紹介しよう。

行動のスピードを落とす

議論が白熱しているときに、どこで何を言うべきかゆっくり考える人はまずいない。卓球の選手がボールを反射的に打ち返すように、一語一句を吟味することなく言葉を発するのが普通だ。

とはいえ、何の脈絡もない言葉を並べるわけではない。クリス・アージリスをはじめとする多くの研究者たちは、頭の中にある「マスター・プログラム」なるものがこれを制御していると語っている。何年もかけて作られた頭の回路がその人の行動を司るときがあるというわけだ。

すでに論じたように、このマスター・プログラムに基づく行動のために部下との関係が悪化することがある。ストレスにさらされているときや「できない部下」を相手にするときには、すでに偏見があるために情報処理能力が低下したり、メンツを守ろうとするメカニズムが働いたりして、どう行動すべきかを十分考えずに反応してしまう。つまり、マスター・プログラムの命じるままに動いてしまうのだ。

マスター・プログラムのせいで問題が生じるときは、いわゆる「自然な反応」を抑え、役者のように「理想の自分を演じる」必要がある。第7章から第9章にかけて紹介した原則に則った行動が取れるように、相手が言ったこと（そして言わなかったこと）をじっくり聴き、その情報を処理してどう反応するかを決めるのだ。

あるマネジャーは、頭と口の間に緩衝領域を設けるようにしていた。これから言おうとすることがその場の状況からみて適切かどうか、自分の方針や意図に合致しているかどうか、いちいち確認しているのだ。例をあげよう。

- 上司が仕事をしていると、「できない部下」が部屋に入ってきてこう言った。「すみません。例の顧客ですが、またトラブルになってしまいました。取引を打ち切られるかもしれません」
- やれやれ、と上司は思った。「とんでもないヘマをしてくれた。あの顧客には注意しろと何ヵ月も前から言っておいたのに……全然聞いていなかったんだな」
- この「自然な反応」を緩衝領域に送り、検討する。
- 検討結果：この反応は非生産的。部下を叱るだけで問題解決につながらない。却下。
- これに代わる反応を作り出す。押さえるべきポイントは二つある。

①指導すること。部下の行動を評価する前に、できる限り情報を引き出す。問題を部下から取り上げず、コーチングの機会として利用することを考える。

②部下の考えを聞き出すこと。そもそも何があったのか、部下にもっと話をさせる。

- この結果、上司は次のような言葉を部下に返した。「取引を打ち切られそうになった経緯をかいつまんで話してくれないか」

新たに作り出した反応が「質問」であることに注目してほしい。感情が高ぶっているときには、あれこれ論じる代わりに質問をするとよいだろう。そうすれば冷静になる時間を稼ぐことができ、情報を集めることもできる。問題をこじらせる恐れも小さくなる。

人は感情的になると一気に結論に飛びたがるものだ。しかし、それでは不十分なデータや誤った事実認識に基づいて解決策を決めてしまう危険性がある。第4章で論じたように、そのときの状況を考慮せず、当事者を過度に責めてしまうことにもなりかねない。

これを避けるにはブレーキを踏み、何がどうなっているかをしっかり把握する必要がある。部下の見解をちゃんと考慮しているか、確かめることも重要だ。部下の話を自分の言葉で繰り返し、誤解がないかどうか確認させるとよいだろう。

もっとも、感情が高ぶりすぎて情報をうまく処理できず、生産的に対応できないときもあろう。そういうときは、少し時間をもらって気持ちを落ち着かせるとよい。第7章で論じたように、「人が一度に使えるエネルギーには上限がある」。ストレスを感じたりいらだったりしているときは、感情を抑制することでかなりのエネルギーが消費されるため、難しい話を持ち込まれてもうまく対処できない。

怒鳴り散らせば少しは気が晴れるかもしれないが、部下との関係悪化という大きなコストが生じるだろう。生産的な議論ができないときは、そういう感情を認め、部下に理由を話して時間をもらうべきである。「そうか。実は、今日は悪いニュースがやけに多くてな、ちょっとカリカリきてるんだ。

悪いが少し時間をくれないか。落ち着いたら、こちらから呼ぶから」といった具合だ。

このように「タイム」を取ったり、相手に質問したりするテクニックを使うには、「理想の自分を演じる」ゆとりがなくなる兆候をいち早く察知しなければならない。そういうときはたいてい、いらだちや怒りといった感情が強まっているので、それに気づけばよいだろう。自分を問題行動に駆り立てる「爆破ボタン」が何であるかを知ることも重要だ。

このように書くと、「ずいぶん不自然なことをするんだな」と思われるかもしれない。たしかに、誰もが普段からやっていることではなく、その意味では不自然だろう。

しかし、次の二点を考えてほしい。

第一に、私たちが自然だと思っている行動は、何年もかけて作られたマスター・プログラムの産物である。プログラムには遺伝子に由来する部分もあるだろうが、大半はそれまでの経験や社会の影響によって作られたものだ。「Xという状況ではYという行動を取ればよい」という学習の成果が一種のルールとなり、プログラムに埋め込まれ、無意識に行えるようになっただけの話である。社会の影響を受けているのだから、必ずしも「自然」ではない。

第二に、マスター・プログラムが命じた「自然な行動」では問題を起こすことがある。これは不適切なルールがいつの間にか書き込まれてしまったからだが、そんなルールを大事に使い続ける義務はない。もっと生産的な結果が得られるルールに書き換えてしまえばよいだろう。

つまり、行動のスピードを落として「理想の自分を演じる」のは、過去の経験から無意識的に作られたマスター・プログラムのルールを捨て、意識的に作った新しいルールを書き加えるためなのだ。

この取り組みはゴルフの練習に似ている。自然な、しかし自己流のスイングではボールをまっすぐ遠くに飛ばすことはできない。そこでレッスン・プロからアドバイスをもらい、肩や腰を言われた通りに動かそうとする。しかし、そのスイングを自分のものにする、つまり無意識に行える自然なスイングにするには練習が必要だ。肩や腰の動きをしっかり意識しながらクラブを何百回、いや何千回と振る必要があろう。

タイガー・ウッズとて例外ではない。ウッズは一九九七年のマスターズに出場し、18アンダーというハイスコアで優勝したが、自分のスイングに物足りなさを感じていた。タイミングが完璧に合わなくても優勝できるスイングにしたいと考えていたのだ。

そこで、自分のフォームをいったんバラバラにし、一から組み直す作業に着手した。練習ボールをひたすら打ち、ビデオでフォームをチェックし、またボールをひたすら打つ日々を一年半続けた。この間はツアーで一勝しかできなかったが、一九九九年五月には新しいスイングを体得し、年末までの一四試合で一〇勝という驚異的な勝率を記録した。あのウッズでさえ、理想のスイングを自分のものにするために大変な努力を払ったのである。

人間関係の予習と復習

実際の対話で生産的に対応するには、単にスピードを落とすだけでなく、事前に時間をかけて準備したり、対話の内容を後で振り返ったりする必要がある。ミスを避けられるか、ミスから何かを学べるかは、「予習と復習」次第だと言えよう。

あらかじめ準備する

第7章で論じたように、私たちが議論に投影するストレスや恐怖心の大部分は「フレーム」によるものだ。「できない部下」が相手というだけでトラブルを予想し、なんとなく身構えてしまうのがその典型である。

フレームに惑わされるのは、私たちがフレームの存在を知らないときか、「当たり前だ」とみなして疑わないときであることが多い。現実とは人によって異なるものだと知っていても、他人は違う解釈をしていると意識できることはあまりない。自分が目にしている現実こそ真実だと、つい思ってしまう。

フレームを柔軟にかつ思慮深く決めてこそ、議論は生産的なものになる。そのためにはあらかじめ十分な時間を取って準備し、他人が自分とまったく違う見方を取る可能性もあることを認識し、むやみに決めつけたりしないことが重要だ。

それには、頭の中で議論をシミュレーションするのも有効だろう。たとえば、二日後に部下のジェーンにやっかいな話をしなければならないとする。どうやって話を切り出すか、彼女はどんな反応を示すか、それにはどう対応すればよいのか、シナリオを作ってみるのだ。信頼できる第三者をジェーン役にみたて、予行演習してもよいだろう。

断っておくが、シミュレーションの目的は、あらゆる可能性を考慮した想定問答集を作ることではない。そのようなことは不可能であるし、そもそも問答集はフレームを固定化するだけなので、作らないほうがよいだろう。重要なのは、時間をかけて練習し、どんな反応を示せば生産的な議論ができるかを理解することである。そうすれば、「この状況では言わないほうがよいこと」も少しずつ見えてくる。ジェーンの言い分にも耳を傾けられるようになるし、自分の精神状態も把握できることだろう。

あるマネジャーは、準備するときには「過去に自分が仕えた偉大な上司なら、どんなアプローチを取るだろうか。私が部下の立場だったら、どんなアプローチをしてほしいだろうか」と自問すると話していた。かつての上司を模倣したり、自分の考えを部下に投影したいわけではない。これは視点を変え、フレームを広げるためのテクニックなのだ。

過去の対話や行動を振り返る

失敗から学ぶことは大切だ。ソニーを興した盛田昭夫氏は「間違えることを恐れてはならない。しかし、同じ間違いを繰り返してはならない」と説いていたし、著名なヘッジファンドを率いるジョージ・ソロス氏は、「完璧に理解することなど人間にはできない。したがって、過ちを恥じる必要などない。恥じなければならないのは、過ちを正せなかったときだけだ」と話している。

経験は学ぶチャンスを与えてくれるが、経験すれば自動的に何かを学べるというわけではない。学びたければ、経験が持つ意味を理解し、役に立つ教訓を自分の力で引き出さねばならない。自己変革という作業においてはとくにそう言える。自分の行動を変えるなら、経験に学ぶ力を身につけなければならない。そのひとつの方法として、自分が他者と交わした対話や、第三者として目にした対話を振り返ることをおすすめしたい。

他者との対話を振り返れば、その後の自分の行動を吟味したり、内容を思い出してそこから教訓を引き出せるかどうか検討したりできる。イライラしてしまったか。相手の話をちゃんと聞いたか。二人で原因を掘り下げ、解決策を見出せたか。相手は自分の話にどう反応したか。自分の意図が誤解されることなく伝わったかどうか確認したか。相手の発言に自分はどう反応したか。自分は相手の話を理解し、それが正しいことを確かめたか。対話の途中で「抑えなければいけない」と思った反応や感情があったか、またなぜそう思ったのか。相手の発言や行動によって感情が高ぶる(怒ったりイライラしたり、ドキドキしたりする)ことはなかったか。なぜ感情が高ぶったのか……などについて考えるとよいだろう。

過去の行動を振り返れば、自分の行動が他者に及ぼした影響や、それに対する他者の反応の意味を理解する手がかりが得られる。部下との対話に生産的に対応するには、自分の行動が部下に及ぼす影響をしっかり理解することがぜひとも必要だ。

過去を振り返る技術は、メンターやコーチの力を借りて伸ばすとよい。彼らなら、自分が当たり前だと思っているものの見方を揺さぶったり、あえて天の邪鬼な意見を言ってくれたり、シミュレーションで部下の役を演じたりしてくれるだろう。対話の記録を残すことも有効だ。うまくいった事例といかなかった事例を対比したり、原因と結果を検討したり、当初の期待と実際の結果を見比べたりすれば、技術の習得ペースを速められるし、どこで不適切な言動を取ってしまったかわかるだろう。

第7章で紹介したように、「言ったこと」と「口に出さなかったこと」を並べて書き出すのも役に立つ。右ページには、交わされた会話を思い出して書きとめ、左ページにはそのときどきの自分の気持ちを書き出すのだ。困難な状況で交わされた対話を振り返るときに適した手法である。

この表は、自分の心の中をのぞき込む窓になる。なぜ自分はあのように反応したのか、自分は頭の中で何と何を結びつけているのか、自分は相手をどう評価しているのかといったことを考える材料にもなる。自分の行動が他人に及ぼす影響を理解するのは重要なことだが、他人の行動が自分に及ぼす影響や自分のマスター・プログラムの内容を理解することも、やはり重要なのである。

チームがマンネリ化したら

自己変革の取り組みで、その成果がスムーズに得られることはあまりない。一時的な停滞や伸び悩みを繰り返しながら、階段状に効果があがってくるのが普通である。

そうした停滞期には、物事が思い通りに進まずいらだつこともあるだろうが、悪いことばかりではない。たとえば、停滞期に入って悪い癖が出ても、部下の信頼が完全に崩れるわけではない。前述したように、部下も上司にレッテルを貼り付け、それに基づいて上司の行動を解釈している。したがって、「上司は自分を変えようと頑張っているのだ」と部下がわかっていれば、上司の行動を好意的に解釈し、多少の失敗には目をつぶってくれるだろう。

本章の冒頭に登場したモーリスの部下は、私たちに興味深い話をしてくれた。

製造部門を担当するこの部下は、週末に製品が大量にできあがりそうだと考え、品質検査担当者を休日出勤させた。ところが実際には製品ができあがらず、検査担当者たちは結局何もせずに帰宅した。

月曜日になってこの部下はモーリスに呼び止められ、やや嫌味な口調で尋ねられた。「出荷するものがないのに、どうして品質検査のスタッフを呼び出したりしたんだ」。部下は落ち着いて弁明した。「いやいや、本当は出荷したかったんですが、できなかったんです」

彼はこのとき、当惑はしたが怒りは感じなかったそうだ。「失敗したからと言って誰かを罰する人ではありません。怒鳴り散らしてフラストレーションを発散したがっているのがわかったので、少しびっくりしましたがね。礼儀正しく思慮深い人ですから、嫌味な質問だけですんだのでしょう」

停滞期は自己変革への熱意や部下を信頼する気持ち、変革の難しさなどを再確認するチャンスである。生産的に対処できれば、その経験は次のステップに進むエネルギーになるだろう。

たとえば、つい不適切な行動を取ってしまっても、それを率直に認めて謝れば、「上司はちゃんと自分を律しようとしている」という認識が部下の間に広がり、反対意見を述べても大丈夫だとみなされるようになるだろう。

ある工場の事例を紹介しよう。

ある機械メーカーの工場長、ジョージはイライラしていた。工場内を整理整頓するよう現場のマネジャーたちに何度も指示を出していたのに、改善する気配がいっこうに見られないからだった。そのうちとうとう「キレて」しまい、「不合格」と印刷された赤いシールを持って工場内を回り、乱雑に積み上げられたものすべてにこれを貼り付けた。

その日の午後。マネジャーが二人、真っ青な顔でオフィスにやってきた。聞けば、従業員が全員怒っているという。「あのシールはいくら何でもひどいと思います。散らかした部屋を片づけよと言っているのと同じではありませんか。まるで子供扱いです」。そこまで言われて、ジョージはようやく事態の重大さに気づいた。

翌朝、ジョージはマネジャーたちに内緒で工場に出向き、従業員一人ひとりに頭を下げて回った。「昨日はシールの件でみんなを怒らせてしまった。失礼なことをしてしまい、本当に申し訳ない」

従業員たちにとって、これは初めての体験だった。工場長が一人ひとりに謝罪して回ることなど、これまで一度もなかったからだ。みんなが怒っていると報告したマネジャーたちも驚いた。過ちを率直に認めた姿勢もさることながら、耳の痛いフィードバックを素直に受け入れたからである。

ジョージは言う。「点を稼ごうとしたわけじゃない。申し訳ないという気持ちでいっぱいだっただけだ。ただ、あれが転換点になったことは事実だ。あの日を境に、二〇〇名の従業員と私はひとつになったような気がする。〝雨降って地固まる〟とはこのことだね」

停滞期に入っても生産的に対応すれば、プラスの効果が二つ得られる可能性がある。ひとつは、自己変革に勢いがつくこと。もうひとつは、フィードバックしてくれる部下や同僚に「この人は本気だ」と思わせる効果が期待できることである。さらに、部下が上司の対処法を観察することで、部下自身の自己変革に役立てるという効果もあり得るだろう。

この「お手本効果」は、症候群の予防を同僚などに奨励する上で非常に重要である。ある研究によれば、仕事を軽々こなしてしまう「達人」よりも、手探りの状態で始めて困難を克服しながら進んでいく「苦労人」のほうが良いお手本になるそうだ。そのほうが自分に近く親しみやすい面もあるし、我慢強く取り組むことと停滞期の脱出法の両方を教えてくれるためだろう。

この点は意外に重要である。上司がお手本になれるのは直属の部下か、そのもう一段下の部下までだ。しかし、上司が自己変革に取り組むことで、彼らをも症候群から遠ざけるばかりか、彼らを通じて組織全体に学ぶ意識を広めることができる。部下たちは非常に大きな役目を果たしてくれるのだ。

できることは案外たくさんある

私たちはこれまで、あきらめた表情で次のように言うマネジャーたちに数多く会ってきた。「だめです。私には難しすぎます。たぶんもう手遅れですよ」

たしかに、難しいと思う人もいるだろう。しかし、何も世界チャンピオンになれと言っているわけではない。本章の冒頭で紹介したバレエダンサーのミハイル・バリシニコフでさえ、自分自身より上手に踊ろうとしているだけだ。

また、私たちがこれまで会ってきたリーダーの大半は、時間をかけて自分の行動を直している。「手遅れ」という言い訳は通用しないだろう。

とどのつまり、自分が自己変革できるか否かを決めるのは、研究者でもなくコンサルタントでもない。決めるのは、自己変革のためにどの程度の対価を払えるか、そしてどの程度の時間とエネルギーを割けるのかという問いに答えられる人、つまり自分自身である。

奇妙なことに、リーダーとしての自分の能力を高めることなどできないと話すマネジャーの中には、テニスやゴルフの練習にかなりの時間やエネルギー、お金を投じる人がいる。バックハンドを上手に打ったり、小さなボールを遠くにまっすぐ飛ばしたりできる理想のフォームを自分のものにするには何年もかかるにもかかわらず、だ。

なるほど、自分の行動を変えるよりは、テニスやゴルフの技術を高めるほうが容易かもしれない。フィードバックもすぐに得られるし、失敗しても誰も傷つかないだろう。

しかし、マネジャーという立場にある以上、リーダーとしての力量を高めることのほうが趣味の腕を磨くことよりも重要であるはずだ。マネジャーの仕事は多岐にわたるが、部下の力を引き出して事業に貢献させることが重要な使命であることは論をまたない。第1章で紹介した通り、出世コースから外れたビジネスマンの八二％は、同僚や部下と良好な関係を築けなかったためにそうなってしまったとの報告もある。

品質管理で知られるエドワード・デミング博士はかつて、セミナーの参加者に次のように語っていた。「学ぶことは義務ではない。しかし、競争に勝ち残ることも義務ではない」

読者を企業にたとえたら、自分のバリューチェーンのあらゆる部分に注意を払わねばならないだろう。マーケティングや販路の形成、ブランドイメージの管理、製造効率の向上、研究開発、自分のスキル開発などに時間を割き、目標の達成に努めることだろう。そうやって自分に投資しなければ生き残れないからである。

仕事の成績を伸ばすことは重要である。競争の激しい今日では、成績を伸ばせなければ脱落してしまうだろう。「できない」というレッテルを貼られた部下でも、成績を伸ばすことは十分可能だと私たちは考える。本書を参考にしていただければ、従来のやり方よりずっと痛みの少ない方法でそれができるようになるだろう。本書が読者の皆さんのお役に立つことを、心から願ってやまない。

謝辞

どうしても返せない借りというものがある。十数年の研究の過程で数多くのマネジャーにご協力いただいたことは、まさにこの返せない借りにあたるだろう。あえてお名前は記さないが、わざわざ時間を割いて上司と部下の関係について腹蔵なく語って下さったことに、この場を借りて改めてお礼を申し上げたい。

ご指導下さった研究者の方々にも感謝の意を表したい。ハーバード・ビジネス・スクールのクリス・アージリス、ジャック・ガバロ、ボブ・カプラン、ケン・マーチャント（現在はＵＳＣに在籍）の各氏、ラフバラ大学のピーター・ローレンス氏、オックスフォード大学のローズマリー・スチュワート氏の各氏からは、実に多くのことを教えていただいた。とはいえ、学者としての私たちの能力に足りない部分があるとすれば、それは間違いなく私たちの責任である。

長年の友人や同僚からもらった知的な刺激と励ましの言葉もありがたかった。ＩＮＳＥＡＤのアンリ＝クロード・ドゥ・ベティニー、リンダ・ブリム、マイク・ブリム、イヴ・ドーズ、ポール・エバンス、マンフレッド・ケッツ・ド・フリース、チャン・キム、ルネ・モーボルニュ、クロード・ミショー・デイガン・モリス、ハインツ・タンヘイザー、ジャン＝クロード・トエニ、ヴィカス・ティブレワラの各氏には改めてお礼を言いたい。またＨＥＣローザンヌのディディエ・コシン、ライス大学のマルク・エプスタイン、ＨＥＣジュネーブのスーザン・シュナイダー、ＭＩＴのマリー・ワイスの各氏からもさまざまなご支援をいただいた。

本書はハーバード・ビジネス・レビュー(HBR)誌における論文掲載がなければ生まれなかったし、同誌のシニア・エディターであるスージー・ウェットローファー氏の尽力がなければやはり陽の目を見なかっただろう。スージーは、HBRに毎月大量に送られてくる論文の中から私たちの原稿を選んだだけでなく、それをもとに本書を書くよう勧めてくれた。やはり編集者抜きで本はできないのだと実感した次第である。

マージョリー・ウィリアムス氏は本書の出版を強く後押ししてくれたし、同氏がHBRを去った後はスザンヌ・ロトンド氏がその役目を引き継いでくれた。私たちが本書執筆のエネルギーを持続できたのは彼女の熱意のおかげである。彼女はまた、数々の質問や提案によって私たちの思考を刺激し、締め切りを設定することで私たちの集中力を高めてくれた。ジェフ・キーオ氏は的を射た質問をしてくれたし、アストリッド・サンドバル氏は私たちや編集者の作業スケジュールを調整してくれた。ペニー・ストラットン氏は貴重な提言と鋭い質問により本書の議論を洗練し、ジル・コナー氏は原稿を書籍に仕上げる過程で必要な雑務を引き受けてくれた。改めて感謝の気持ちを伝えたいと思う。

最後に、私たちの家族にも礼を言いたい。両親や兄弟、子供たちの支えがなければ、本書を世に送り出すことはできなかっただろう。特に妻のアンヌとアストリッドは、知的な刺激を与えてくれただけでなく、自信を失いがちだった私たちをいつも励ましてくれた。また、家族への責任を私の分まで引き受け、本書の執筆に集中できる環境を作ってくれた。本当にありがとう。

訳者あとがき

日本のプロ野球に興味のある読者なら、監督が替わったとたんに成績をぐんと伸ばす選手や、逆に誰もが首をかしげるほどの不振に陥ってしまう選手がいることをご存じだろう。二〇〇四年のシーズンに話を限っても、新監督のもとでリーグ優勝を果たした二チームを中心に数名の名前がすぐに思い浮かぶ。

ビジネスの世界も状況は似ている。「上司が替わってから仕事がしにくくなり、成績も伸び悩んでしまった」「あの人とは一緒にやっていけない。早く転勤させてほしい」などと思ったことがある読者は少なくないだろう。上司の立場にある方も、「あの部下の扱いには困っている。成績を向上させようと何度も指導しているのに、いっこうに成果があがらない」などと感じた経験がおありだろう。これではストレスが溜まるばかりで、上司も部下も能力を十分に発揮できない。下手をすれば成績も下がるだろうし、チームの他のメンバーにも悪影響がおよぶ恐れがある。

こうした関係の悪化は、「そりが合わないから仕方がない」のだろうか。それとも、関係が悪化する仕組みがわかれば、これに歯止めをかけたり改善したりする方法も見えてくるのだろうか。

フランスの有力経営大学院ＩＮＳＥＡＤ（欧州経営大学院）で教鞭を執るジャン＝フランソワ・マ

ンゾーニとジャン＝ルイ・バルスーは、ちょっとしたきっかけで上司と部下との間に溝が生じ、仕事の「できる部下」があっという間に「できない部下」に変わってしまうことがあると指摘する。

上司は部下の失敗や自分に対する態度、または初めて会ったときの第一印象などから、一部の部下に「できないヤツ」というレッテルを貼りつける。そして自分でも気づかないうちに、その部下の成果や成功を過小評価する一方で不振や失敗を過大評価し、自分のレッテルに自信を深める。

こうした評価は、上司が口に出さなくとも、ふだんの行動や素振りから部下に伝わる。すると部下はがっかりして「自分は期待されていないのだ」とやる気を失い、能力を発揮できなくなって本当に「できない部下」になってしまう。上司の無意識的な振る舞いにより部下の成績がスパイラル的に悪化するこの現象を、マンゾーニとバルスーは「失敗おぜん立て症候群」と呼んでいる。

本書はこの症候群のメカニズムを、心理学の概念を使いながら解明する。そして、症候群に陥ると上司が部下を助けるつもりで行ったことが裏目に出てしまうこと、それは上司だけでなく部下の責任でもあること、当事者のみならず周囲や組織全体にも負担がかかることなどを論じ、症候群の治療法と予防法を紹介する。タイトルにあるとおり「上司と部下」の関係が議論の中心だが、スポーツチームのコーチと選手、教師と生徒、親と子などの関係改善のヒントも得られるだろう。

著者の提案する治療法に、読者は少し身構えてしまうかもしれない。治療にはそれなりの不安を抱えながら臨まねばならないし、その準備段階では自分の過去の行動や言動を見つめ直す必要があるからだ。「もっと手っ取り早い方法はないのか」と感じる方もいるだろう。

たしかに本書は、上司と部下の関係を理想的なものへと一気に変える魔法の杖ではない。しかし、そのための道具とヒントを数多く提供してゴールまで導いてくれるという意味で、本書は優秀なナビゲーション・システムだと言えるだろう。上司との、または部下との間で進んでしまった「失敗おぜん立て症候群」の治療や緩和、予防に本書がお役に立てば、訳者にとっても望外の喜びである。

最後に、翻訳にあたっては、講談社学芸図書出版部の篠木和久氏に大変お世話になりました。この場を借りて、あらためて御礼申し上げます。

二〇〇五年一月

訳者

●著者紹介

ジャン＝フランソワ・マンゾーニ

Jean-François Manzoni

INSEAD（欧州経営大学院）準教授。好成績をあげている組織に関する研究プロジェクトを指揮し、変化に直面した個人や組織のマネジメントを研究するかたわら、企業のコンサルティングも行っている。INSEADで「傑出した教員」に三度選ばれる他、研究活動でも欧州経営開発協会（EFMD）の「ケース・オブ・ザ・イヤー」など数々の賞を獲得。

ジャン＝ルイ・バルスー

Jean-Louis Barsoux

INSEADシニア・リサーチ・フェロー。専攻は組織行動論で、異文化問題と二者関係を中心に研究している。著作は多く、組織におけるユーモアの利用を論じた本は、経営コンサルタント協会（MCA）より「ブック・オブ・ザ・イヤー」に選ばれた。

●訳者紹介

平野誠一（ひらのせいいち）

上智大学経済学部卒。銀行勤務などを経て、現在はビジネス・経済・金融関連の翻訳に携わる。主な訳書に『ウォーレン・バフェット　自分を信じるものが勝つ！』『成功して不幸になる人びと　ビジネスの成功が、なぜ人生の失敗をよぶのか』（以上ダイヤモンド社）がある。

よい上司《じょうし》ほど部下《ぶか》をダメにする

2005年1月26日　第1刷発行

著　者　ジャン＝フランソワ・マンゾーニ
　　　　ジャン＝ルイ・バルスー
訳　者　平野誠一《ひらのせいいち》
発行者　野間佐和子
発行所　株式会社講談社
東京都文京区音羽二丁目12－21
郵便番号112－8001
電　話　出版部　03－5395－3522
販売部　03－5395－3622
業務部　03－5395－3615
印刷所　大日本印刷株式会社
製本所　株式会社若林製本工場
本文データ制作　講談社プリプレス制作部

N.D.C.336　270p　19cm
定価はカバーに表示してあります。

ISBN4-06-211865-3